PRAXISLAM

Handbuch zum islamischen Gottesdienst

SAMET **ER**

PRAXISLAM
Handbuch zum islamischen Gottesdienst

Erschienen im Define Verlag

Autor
Samet Er

Redaktion
Arhan Kardas

Lektor
Lenius Hirschberger

Illustration
Seval Peker

Coverdesign
Yavuz Aydemir

Korrespondenz:
Wilhelmstr. 29 A2 — 13593 Berlin
www.deinbuchshop.de

ISBN: 978-3-946871-12-5

Druck: Finidr - Tschechien

Inhalt

7

Vorwort

Wie jeder Jugendliche in Deutschland hatte auch ich im Alter von 15 bis 17 Jahren ein Bedürfnis nach Antworten. Ich wollte mich daher viel intensiver mit Religion auseinandersetzen. Ich habe danach gefragt, was Sinn und Zweck meines Aufenthalts im Diesseits ist. Mich beschäftigten Fragen rund um die Themen Gott, Propheten, Universum, Engel, Existenz von Geisterwesen, Gebet … Nur hatte ich keine Antworten – obwohl ich seit meinem achten Lebensjahr in einer Moschee wöchentlich religiös unterrichtet wurde.

Da der Unterricht in der Moschee auf Türkisch erfolgte, fiel es mir schwer, das Gelernte in den hiesigen deutschen Kontext einzubringen. Ich brauchte kurze, schnelle und leicht formulierte Antworten, die ich auch an meine nichtmuslimischen Freunde, die mich ständig über das Gebet und das Fasten befragten, weitergeben konnte.

Mit Beginn meiner Tätigkeit als muslimischer Berater in Justizvollzugsanstalten sah ich viele religiös-theologische Analphabeten, die nur oberflächlich mit ihrer Religion vertraut waren. Kaum einer kannte sich mit *mekruh, mendūb* etc. aus. „Es kann nur *haram* und *halal* geben!", war die Aussage eines Gefangenen. Ich war in direkter Weise mit der klassisch-islamischen Theologie im alltäglichen religiösen Leben konfrontiert, sodass ich sehen konnte, dass die Radikalisierung mit einem Mangel an religiösem Austausch zusammenhängt. „Warum soll ich den Gefängnisimam besuchen? Er kann doch nur Türkisch …", habe ich öfters zu hören bekommen.

Dies war unter anderem der Grund dafür, das vorliegende Buch zu verfassen und jungen Menschen, die ebenfalls nach Antworten suchen, eine Art Leitfaden für ein an religiösen Werten und Vorstellungen orientiertes Leben an die Hand zu geben. Dieses Buch verdankt seine Form den Anfragen muslimischer Jugendlicher, die sich immer wieder an mich und mein Umfeld wenden. Das Buch nimmt das hanefitische Verständnis des Korans und der Sunna als Grundlage.

Ich habe mich an Jugendlichen zwischen dem 8. und 16. Lebensjahr orientiert und mich bemüht, mich möglichst in einem flüssigen, einfachen und verständlichen Sprachstil auszudrücken und keine arabischen Fachbegriffe zu verwenden. Hierzu habe ich den von mir geschätzten Autor und Islamwissenschaftler Arhan Kardaş zurate gezogen, indem wir uns für mehrere Tage von weltlichen Belangen zurückgezogen und jeden einzelnen Begriff ausdiskutiert haben. Zum besseren Verständnis haben wir zu wichtigen Begrifflichkeiten sowohl die türkische als auch die arabische Übersetzung angefügt. Die Koranübersetzungen stammen von Ali Ünal, dessen Werk Herr Kardaş und Herr Abdullah Aymaz überarbeitet haben.[1] Zusätzlich wurden kurze Suren aus der Übersetzung von Friedrich Rückert übernommen. Außerdem gilt ein besonderer Dank dem Expertenteam der Zeitschrift „Die Fontäne", das beim Autorentreffen mit seinen Ideen eine große Hilfe war.

Ich bin fest davon überzeugt, dass dieses Buch junge Muslime über viele Jahre begleiten wird, sodass diese Begriffe in ihr Vokabular eingehen werden. Ich hoffe, dass dieses Buch zur Sensibilisierung und Immunisierung in Bezug auf radikale Angebote, zur Verbesserung des Wortschatzes, zur Klärung der Fragen und zum besseren Verständnis des Islams beiträgt.

Samet Er
Hannover, den 05.01.2019

---

1 Ali Ünal, *Der Koran, Vollständige Übersetzung mit umfangreichem Kommentar*, Frankfurt am Main 2015.

1. Kapitel

„Die sieben Himmel und die Erde und wer auch immer in ihnen ist, preisen Ihn. Es gibt nichts, das Seine Herrlichkeit nicht rühmt (und verkündet, dass aller Lobpreis nur Ihm allein gebührt), auch wenn ihr (dazu neigt), deren Lobpreisung nicht zu verstehen. Er ist fürwahr der Nachsichtige, Vergebende" (17:44).

Der Gottesdienst

Der Gottesdienst ist die Handlung, die in völliger Harmonie mit dem Willen Gottes steht. Er enthält die Verehrung Gottes und die Befolgung seiner den Menschen auferlegten Pflichten und fördert die persönliche und gesellschaftliche Entwicklung. Er ist die Suche nach dem Wohlgefallen Gottes und das Fernbleiben von Dingen, die dem Menschen und seiner Umwelt schädlich und daher verboten sind.

Der Geist des Gottesdienstes ist die Aufrichtigkeit, er wird lediglich für Gott vollzogen. Die innere Zufriedenheit des Menschen, welche unter anderem aus dem Gefühl der Durchführung des Gottesdienstes entsteht, führt ebenfalls zur geistigen Gesundheit des Menschen. Er bewirkt den Rückgang negativer Charaktereigenschaften und Handlungsweisen wie Arroganz, Überheblichkeit, Hochmut und Friedensstörung, da der Mensch sich immerwährend an Gott erinnert und sich seiner Bedürfnisse und Abhängigkeiten von dem Allmächtigen Allbarmherzigen Einen bewusst ist.

Wieso bedarf der Mensch des Gottesdienstes?

„Und dein Herr gab der Biene ein: ‚Nehmt euch Wohnstätten in den Bergen und in den Bäumen und in dem, was sie (die Menschen) sich bauen und weben mögen. Dann hole dir Nahrung von all den Früchten, und folge, indem du mit deinen Lasten heimkehrst, den Wegen deines Herrn, die dir leicht gemacht sind.' Aus ihren Leibern kommt ein Trank hervor von unterschiedlicher Farbe, in dem Heilung für die Menschen ist. Darin ist fürwahr ein Zeichen für Menschen, die nachdenken" (16:68–69).

Wie der erhabene Gott uns in der Sure „Die Biene" (En-Nahl) mitteilt, hat Er die Bienen erschaffen, damit sie Honig produzieren und Blumen bestäuben. Jedes Lebewesen wurde für eine bestimmte Aufgabe erschaffen. In diesem Universum, in dem alles vollkommen geordnet ist und perfekt zusammenhängt, gibt es nichts, was sinnlos wäre. Gott hat jedem Lebewesen einen bestimmten Auftrag erteilt, der auch gleichzeitig dessen Gottesdienst ist. Die Biene verrichtet ihren Dienst, indem sie Honig herstellt, die Kuh, indem sie Milch produziert, die Bäume, indem sie Sauerstoff abgeben und die Sonne, indem sie Licht und Wärme spendet. Der Schöpfer drückt diese Tatsache in der Sure El-Isra wie folgt aus:

„Die sieben Himmel und die Erde und wer auch immer in ihnen ist, preisen Ihn. Es gibt nichts, das Seine Herrlichkeit nicht rühmt, auch wenn ihr (dazu neigt,) deren Lob-

preisung nicht zu verstehen. Er ist fürwahr der Nachsichtige, Vergebende" (17:44).

So erfüllen von den Atomen bis zu den Sternen alle Geschöpfe ihre von Gott auferlegten Pflichten. Während das ganze Universum, ganz gleich, ob lebendig oder leblos, Ihn lobpreist, wäre es mit dem Verstand und dem Gewissen nicht vereinbar, würden die Menschen Gott nicht preisen, obwohl Er sie doch in vollkommenster Weise erschaffen und mit unzähligen Gaben ausgestattet hat.

Der erhabene Gott ermöglicht uns, das Licht, das wir brauchen, von der Sonne zu bekommen, und den Sauerstoff, den wir benötigen, aus der uns umgebenden Luft aufzunehmen. Er hat uns Augen zum Sehen, Ohren zum Hören und einen Verstand gegeben. Darüber hinaus hat Er die Erde für uns mit unzählig vielen Gaben und Gütern versehen. Die größte Gabe ist es jedoch, als Mensch mit einem Verstand erschaffen worden zu sein. Gott hat den Menschen als Vornehmsten und Schönsten unter allen Wesen und als Seinen verantwortlichen Sachwalter[2] auf Erden erschaffen. Als Gegenleistung für diese endlos vielen Gaben und für Seine Güte verlangt Er von uns lediglich, den Gottesdienst durchzuführen.

---

2   Gott ist Eigentümer. Der Mensch ist Besitzer, weil er das Eigentum Gottes, also das Eigentum eines anderen, verwaltet. Der Mensch ist verantwortlich dafür, wie er es nutzt und behandelt, aber auch verpflichtet, dieses Eigentum wieder zurückzugeben.

Gottesdienst bedeutet, sich Gott zu ergeben, Seine Befehle zu befolgen und von Ihm verbotene Dinge zu meiden, sich nicht menschlichen Gelüsten *(nefs)* hinzugeben und so dem Teufel zu gehorchen, sondern so zu leben, dass man Sein Wohlgefallen (ar. *riḍa*, tr. *Allah rızası*) erlangen kann. Der beste Weg, dem Schöpfer gegenüber unsere Liebe, unsere Achtung und unsere Dankbarkeit zum Ausdruck zu bringen, ist, den Gottesdienst durchzuführen. Das Beste, was wir mit dem Gottesdienst erreichen können, ist, Sein Wohlgefallen zu erlangen, denn Gottes Wohlgefallen führt zur Glückseligkeit im Diesseits und im Jenseits.

Gott ist derjenige, der nichts bedarf. Er bedarf also auch unseres Gottesdienstes nicht. Vielmehr dürfen wir Menschen Ihm dienen; wir werden uns so unserer Schwächen und Stärken bewusst, der Horizont unseres Denkens wird erweitert und wir erlangen menschliche Vollkommenheit. Durch die Anerkennung und die Liebe dieses höheren Wesens werden wir von Bescheidenheit und Zuneigung erfüllt und lernen negative Charaktereigenschaften und Handlungsweisen wie Arroganz, Überheblichkeit und Hochmut durch positive Eigenschaften zu ersetzen.

„O ihr Menschen! Dient eurem Herrn, der euch erschaffen hat und die, die vor euch waren, damit ihr ergebene Ehrfurcht (taqwa) gegen Ihn erlangt und Seinen Schutz“ (2:21).

Zusammenfassend kann gesagt werden, dass Gott den Menschen die Aufgabe gegeben hat, sich in der von Ihm gestifteten Verfügung zu vervollkommnen. Dafür zeigt Er den Menschen, welche Wege zu gehen und welche zu vermeiden sind, wenn sie das gottgestellte Ziel erreichen möchten.

Der Gottesdienst erinnert uns daran, dass wir Geschöpfe Gottes sind

Der Glaube ist ein Band zwischen Schöpfer und Geschöpf. Aus diesem Grund ist der Gottesdienst unmittelbar mit dem Glauben verbunden, da der Gottesdienst sowohl zur Pflege als auch zur Bewahrung dieses Bandes dient. Denn der Glaube verliert stetig an Kraft, wenn er nicht durch den Gottesdienst gestärkt wird. Je mehr sich der Mensch an den Gottesdienst klammert, desto kräftiger wird sein Glaube. Denn der Mensch ist oft mit weltlichen Angelegenheiten beschäftigt, welche ihn unmerklich von seinem Schöpfer entfernen. Sobald wir uns aber dem Gottesdienst widmen, heben wir die Entfernung zu Gott in uns auf. So fühlen wir uns in Gottes Gegenwart und werden uns immer und immer wieder an die Liebe unseres Herrn erinnern. Unser Herz ist so vor negativem Denken und unser Körper (Auge, Hand, Zunge etc.) vor Sünden geschützt.

Sobald wir versucht sind, eine Sünde zu begehen, spricht das Bewusstsein, das wir durch das Gebet und den Gottesdienst erworben haben, zu uns; Gott, der Eine Herr und Seine Liebe reichen uns aus. Das schönste Erlebnis für einen Gläubigen besteht darin, seinen Schöpfer zu kennen und an Seine Existenz und Seine Einigkeit zu glauben.

Wir werden uns unserer Dienerschaft vor Gott bewusst, indem wir das Gebet verrichten, die reinigende Abgabe (tr. *zekat*) entrichten oder fasten, also den Gottesdienst durchführen. Wir werden uns bewusst, dass alles, was wir besitzen, ein Geschenk Gottes und Ausdruck Seiner Großzügigkeit ist. Wir lernen zu danken und bleiben von den Versuchungen des Teufels fern. Somit lernen wir, besonnen zu leben, versuchen unser Leben als Gläubige zu verbringen und somit uns selbst und unseren Mitmenschen Gutes zu tun.

Genau darauf bezieht der deutsche Orientalist Joseph von Hammer-Purgstall den anfänglichen Erfolg der Muslime. Auf die Frage, warum die Muslime in den ersten Jahren so erfolgreich und beliebt waren, antwortete er: „Ergebung in den Willen Gottes und Vertrauen in die Vorsehung bilden das Wesen des Islams. Vertrauen in die Zukunft: *Inschallah: wenn Gott will oder wenn es Gott gefällt;* und Ergebung in das Vergangene: *Maschallah: was Gott will, oder was Gott gefällt.* Nichts unternehmen, ohne die himmlische Hilfe erfleht zu haben: *Bismillah: im Na-*

men Gottes, und nichts beenden ohne Danksagung: *El-hamdulillah: Lob sei Gott.* Diese vier Worte, sozusagen die vier Eckpfeiler in der Ethik des Islams, führen alle Muslime ständig im Munde."[3]

Der barmherzige Schöpfer teilt uns ohnehin in der Sure Lokman Vers 18 Folgendes mit: *„Wende dein Gesicht nicht in verächtlichem Stolz von den Menschen ab, und gehe nicht hochmütig auf Erden umher. Wahrlich, Gott liebt nicht die Stolzen und Eingebildeten."*

Jemand, der seine Aufgaben gegenüber seinem Herrn verrichtet, wird sich auch seelisch gestärkt fühlen. Der Gottesdienst bändigt Eigenschaften wie Egoismus, Prahlerei und Arroganz und erinnert den Menschen daran, dass lediglich Gottes Größe unermesslich ist.

Die Verantwortung und die Bedingungen des Gottesdienstes

Für einen bestmöglichen Gottesdienst ist es wichtig zu wissen, wie wir in der Praxis vorzugehen haben. Bevor wir die Bedingungen für den Gottesdienst erlernen, ist es sinnvoll, zunächst einige Begrifflichkeiten zu klären. Im nächsten Teil werde ich mich deshalb nacheinander mit diesen Wörtern und Begriffen beschäftigen.

---

3   Joseph von Hammer-Purgstall, *Fundgruben des Orients*, Bd. I, Wien 1809, S. 363.

Wann gilt man im Islam als verantwortlich (ar. *mukellef*, tr. *mükellef*)?

Alles, was im Universum geschieht, wird in einem Buch aufgezeichnet. Ebenso werden alle Handlungen, Gefühle, Emotionen und Gedanken des Menschen, sowohl gute als auch schlechte Taten, festgehalten. Diese Aufzeichnung dient unter anderem der Bewertung der Taten am Jüngsten Gericht. Der Mensch wird entweder belohnt oder bestraft.

Mit anderen Worten: Jeder Mensch ist verantwortlich für seine Handlungen und wird am Jüngsten Gericht für sein Leben zur Rechenschaft gezogen. Wann aber beginnt die Verantwortung? Wann tritt diese geistig-seelische Fähigkeit zutage? Ab welchem Alter sind die Handlungen des Menschen für das Jüngste Gericht maßgeblich? Welche Voraussetzungen sind für eine vollkommene Verantwortung zu erfüllen?

Was sind die Voraussetzungen?

Gemäß der islamischen Normenlehre sind folgende Voraussetzungen zu erfüllen, damit jemand als vollkommen verantwortlich gelten kann. Der Verantwortliche sollte unbedingt

1. muslimischen Glaubens sein,

2. bei klarem Verstand sein und

3. die Pubertät erreicht haben.

1. Kapitel

Jeder Mensch kommt wie ein unbeschriebenes Blatt auf die Welt, frei von Sünden und unschuldig. Bis zur Pubertät ist dieser Mensch für seine Taten nicht religiös verantwortlich. Diese Zeit wird als Vorbereitung auf das Diesseits gesehen, ähnlich wie bei einem Auszubildenden, der vieles neu erlernt, dem aber auch zugestanden wird, Fehler zu machen, aus denen er lernen kann. Bis zu diesem Zeitpunkt werden gute Handlungen festgehalten, wohingegen schlechte Taten toleriert werden. Es ist aber wichtig, in dieser Zeit die Grundlagen des Islams zu erlernen, um nach der Pubertät den Gottesdienst bestens durchführen zu können.

Die Merkmale der Pubertät

Biologisch gesehen bedeutet die Pubertät, dass Kinder das Alter zur Fortpflanzungsfähigkeit erreicht haben und der Körper ausreichend entwickelt ist. Alle Kinder durchlaufen diese Entwicklungsphase. Die Pubertät ist laut dem Konsens der islamischen Gelehrten und Biologen bei Mädchen zwischen 9 und 15 Jahren und bei Jungen zwischen 12 und 15 Jahren. Auch wenn die Merkmale der Pubertät bis dahin nicht aufgetreten sind, gilt das Kind nach Meinung islamischer Gelehrter als religiös mündig. Mit dem Erlangen des Pubertätsalters wird von dem Jugendlichen erwartet, sich an die von Gott auferlegten Gebote und Verbote zu halten. Wichtig hierbei ist jedoch, dass bei dem Jugendlichen das Bewusstsein vorhanden sein muss, welchen Sinn und Zweck der Gottesdienst hat. Eine blinde Nachahmung der Eltern und das unreflektierte Auswendiglernen können sowohl dem Kind als auch dem Bild des Gottesdienstes und der Religion schaden.

Die Kernaufgaben *(ar. farḍ, tr. farz)* im Islam

Die Kernaufgaben sind Regeln, die Gott den Menschen auferlegt hat, welche zu befolgen sind und im Falle der Unterlassung im Jenseits sanktioniert werden. Dazu gehören beispielsweise das Hauptgebet, das Fasten, die Pflichtabgabe *(zekat)* oder die Pilgerfahrt. Das Erfüllen der Kernaufgaben wird von Gott im Jenseits belohnt und das bewusste Unterlassen im Jenseits bestraft. Im Koran und im Leben des Propheten Muhammed sind die Kernaufgaben und ihre Durchführung explizit definiert.

Zwei Arten von Kernaufgaben: *farḍ el-ʿayn und farḍ el-kifāye*

Farḍ el-ʿayn sind Kernaufgaben, die jedem Muslim individuell auferlegt sind. Es liegt in seiner persönlichen Verantwortung, diesen nachzukommen. Hierbei handelt es sich zum Beispiel um das Verrichten des Hauptgebets, das Entrichten des *zekat*, das Fasten oder die Pilgerfahrt. Es ist die individuelle Pflicht jeder Person muslimischen Glaubens. Bei *farḍ el-kifāye* genügt es schon, wenn eine kleine Gruppe von Muslimen dieser Pflicht nachkommt. Dies hat zur Folge, dass alle anderen Muslime von dieser Aufgabe befreit sind. Diese wird als „ausreichende Aufgabe" übersetzt. Wenn sich keiner bereit erklärt, diese Aufgabe zu erfüllen, wird jeder einzelne Muslim zur Rechenschaft gezogen, da diese Aufgabe den Muslimen als Gemeinschaft auferlegt wurde. Beispiele hierfür sind das Verrichten des Totengebets oder das Erlernen der Natur- und Geisteswissenschaften sowie der Koran- und Hadithwissenschaften.

Die Soll-Aufgaben (ar. *wadjib*, tr. *vacip*) im Islam

Wadjib kann mit „erforderlich" oder „notwendig" übersetzt werden. Nach Meinung nichthanefitischer Gelehrter ist *wadjib* gleichbedeutend mit den Kernaufgaben. Hanefitische Gelehrte machen jedoch einen feinen Unterschied, indem sie *wadjib* als Aufgaben definieren, zu denen zwar im Hinblick auf Ge- oder Verbote ein klarer Beleg aus dem Koran, den *hadith-mutawatir* (d. h. den allseits bekannten Hadithen) oder aus dem Konsensus der muslimischen Gelehrten vorliegt, dieser Beleg jedoch nicht eindeutig und so stark ist wie der Beleg für die Kernaufgaben.

Die Unterlassung der Einhaltung bzw. die Vermeidung eines *wadjibs* gilt ähnlich wie bei den Kernaufgaben im Jenseits als Sünde. Im Falle der Unterlassung besteht die Möglichkeit, diese Aufgabe bereits im Diesseits nachzuholen. *Wadjib* sind zum Beispiel das *Witr*-Gebet, das Festgebet (ar. *'Id-Gebete*, tr. *bayram namazı*) und die Danksagung bzw. das Sprechen von *elhamdulillah* (Lob sei Gott).

Die Sunna

Der Prophet Muhammed (Friede sei mit ihm) gilt als der erste Ansprechpartner, der beste Exeget und Praktiker des Korans und als derjenige, der den koranischen Charakter bestens zum Ausdruck bringt. Deshalb bildet sein gesamtes Leben bzw. sein Gottesdienst ein ideales Vorbild für alle Muslime.

Zur Sunna gehören Aussagen, Handlungen, Haltungen und Gesten sowie Empfehlungen, Befehle und Zubilligungen des Propheten Muhammed (Friede sei mit ihm). Prophetengefährten *(sahaba)* haben durch Auswendiglernen, Niederschreibungen und Nachahmungen die Sunna des Propheten zuerst selbst verinnerlicht und dann ihren Nachkommen vermittelt. Durch diese Art der Überlieferung gelang die Sunna bis in die Gegenwart. Die Sunna gilt nach dem Koran als die zweite Hauptquelle im Islam. Der Koran ist ohne die Sunna nicht zu verstehen, und die Sunna nicht ohne den Koran.

Die prophetische Tradition beinhaltet Riten, deren Praxis empfohlen und belohnt wird, deren Unterlassung jedoch keine Sanktionen im Jenseits nach sich zieht. Damit hat die Sunna lediglich normativen Charakter. In allgemeinem Sinne jedoch ist die Sunna von großer Bedeutung, da die Kern- und Sollaufgaben ohne die Sunna, also die Praxis des Propheten, nicht zu verstehen und zu vollziehen wären. Der barmherzige Gott betont im Koran fortwährend die Bedeutung und die Vertrautheit mit der Sunna: *„Wer dem Gesandten gehorcht, der hat (damit) Gott gehorcht, und wer sich von ihm (und seiner Lebensweise) abwendet (so sei nicht bekümmert darüber, o Gesandter, denn) Wir haben dich nicht als Bewahrer und Wächter über sie geschickt (um sie von ihren Missetaten abzuhalten und für sie zur Rechenschaft gezogen zu werden)"* (4:80).

Alle Angelegenheiten, die im Koran nicht ausführlich behandelt werden, wurden durch die Sunna des Propheten im Detail erläutert. Beispiele hierfür sind das Hauptgebet und die Pflichtabgabe. Im Koran steht lediglich, dass das Gebet zu verrichten und die Pflichtabgabe *(zekat)* zu entrichten sind:

„Und verrichtet das Gebet, und entrichtet die reinigende Pflichtabgabe" (2:43).

Einer, der die Sunna des Propheten Muhammed nicht kennt, weiß nicht, wie das Gebet zu verrichten und die Pflichtabgabe zu entrichten sind. Hierin liegt die Bedeutung der Sunna des Propheten Muhammed, der uns ergänzend sagte: *„Betet so, wie ihr mich beten gesehen habt."* Die Sunna in allgemeinem Sinne zeigt uns also, wie wir den Koran und z. B. die Kernaufgaben zu verstehen haben.

Es gibt zwei Arten der Sunna: die *sunna mu'ekkede* und die *sunna ghayr mu'ekkede*. Die **sunna mu'ekkede** ist die beständige prophetische Praxis, bezeichnet also Handlungen, die der Prophet Muhammed (Friede sei mit ihm) permanent vollzogen hat,[4] wie zum Beispiel die Sunna-Gebete des Morgens-, Mittags- und Abendgebets. Die **sunna ghayr mu'ekkede** bezeichnet im Gegensatz dazu Handlungen, die der Prophet (aufgrund unerwartet aufgetretener Ereignisse) unregelmäßig vollzogen hat, wie zum Beispiel die Vor-Sunna-Gebete des Nachmittags- und Nachtgebets.

Handlungen wie das Essen, Trinken, Anziehen etc., die zum Alltag des Propheten gehören, sind der *sunna ghayr mu'ekkede* zuzuschreiben. Das Befolgen der Sunna bedeutet Verdienst und Belohnung, das Unterlassen jedoch keine Sünde. Es ist hier aber wichtig zu erwähnen, dass beim Unterlassen der Sunna kein Anspruch mehr auf die Fürsprache (tr. *şefaat*) des Propheten besteht. Mit Fürsprache ist gemeint, dass sich der Prophet Muhammed (Friede sei mit ihm) im Jenseits bzw. am Jüngsten Gericht aufgrund seiner von Gott gegebenen Befugnis der Fürsprache entsprechend der Treue des Verantwortlichen gegenüber der Sunna für das Heil des Verantwortlichen ausspricht.

In Bezug auf die Vorbildlichkeit des Propheten Muhammed (Friede sei mit ihm) sind drei Dimensionen zu

---

[4]　In seinem gesamten Leben hat der Prophet die *sunna mu'ekkede* höchstens ein bis zwei Mal unterlassen.

beachten: die normative, die individuelle und die kulturelle Dimension. Die normative Dimension betrifft Aussprüche und Anweisungen, die die Religion bzw. die Glaubenspraxis betreffen und verbindlich sind, wie beispielsweise die Handlungen im Gebet. Die individuelle Dimension bezieht sich auf persönliche Vorlieben des Propheten Muhammed (Friede sei mit ihm), die keine religiös verpflichtende Bedeutung und Bindung haben. Als Beispiel können hier seine Lieblingsfrucht, die Quitte, oder Halwa und Honig genannt werden. Es besteht keine religiöse Verpflichtung, diese zu essen. Auch gilt es in Bezug auf die kulturelle Dimension zu differenzieren, da es sich hierbei ebenfalls um Gewohnheiten des Propheten Muhammed (Friede sei mit ihm) handelt, die keinen religiösen Charakter besitzen. Diese können als arabische Kultur der damaligen Zeit, ja sogar als Trend in islamischem Rahmen gesehen werden, wie etwa das Gewand (ar. *Djalabiye*, tr. *cübbe*) oder die Sandalen des Propheten. Es wäre falsch, den Propheten nur auf seine religiöse Vorbildlichkeit zu reduzieren, denn er war auch ein Mann seiner Zeit bzw. ein weltliches Vorbild für die Muslime.

Warum ist die Sunna so wichtig?

Die Sunna umfasst einen großen Teil des Islams. Die Handlungen, Taten und Zubilligungen des Propheten Muhammed (Friede sei mit ihm) sind in jedem Gottesdienst beinhaltet. Der barmherzige Gott beschreibt im

Koran die Stellung des Propheten wie folgt: „*Und du hast wahrlich hervorragende Eigenschaften und handelst nach einem hervorragenden Muster"* (68:4). Wäre die Sunna eine Kernaufgabe (ar. *farḍ*, tr. *farz*) für die Gesellschaft, wäre es für einen Muslim heutzutage unmöglich, gemäß den islamischen Regeln zu leben. Normen und Werte, die im Koran nicht bzw. nicht eindeutig erwähnt werden, werden von unserem Propheten Muhammed (Friede sei mit ihm) durch Aussprüche, Handlungen und Taten definiert. Die Sunna regelt also den Alltag der Muslime. Verhaltensweisen wie das Zähneputzen vor jedem Gebet,[5] das Anlächeln und Begrüßen der Mitmenschen etc. sind nur einige wenige Beispiele aus der Sunna des Propheten (Friede sei mit ihm). Wären nun all diese Handlungen auch eine Kernaufgabe (ar. *farḍ*, tr. *farz*) für den Muslim, wäre das Leben schwieriger zu bewältigen. Wir könnten damit nicht so sorgfältig umgehen wie unser Prophet. Die Barmherzigkeit Gottes erleichtert das Leben eines Muslims und empfiehlt dem Muslim nur die Sunna, die zum Alltag gehört. Natürlich ist aber nochmals zu erwähnen, dass durch die Praxis der Sunna Gottes Wohlgefallen und die Fürsprache des Propheten erlangt werden können.

---

5   Damals wurde das *miswak* (ar. *siwaq*) verwendet, eine traditionelle arabische Zahnbürste aus dem Wurzelstück eines Baumes aus der Gattung *Oldenlandia*.

Deshalb ist es wichtig, die Handlungen des Propheten zu erforschen und diese soweit es geht zu übernehmen. Wir können uns den Propheten als eine Art Kompass vorstellen, der uns die richtige Richtung weist, die Richtung, die uns zu Gott führt. Und wenn wir als Muslime ein Vorbild in der hiesigen Gesellschaft sein möchten, ist es wichtig, das Leben des Propheten von den richtigen Gelehrten und aus den richtigen Büchern zu lernen, zu kennen und umzusetzen. Wir müssen das Leben des Propheten mit Hilfe dieser Gelehrten und Bücher in unserem heutigen Kontext neu verstehen und vorbildlich leben. Das ist eine große und wichtige Aufgabe für jeden muslimischen Jugendlichen.

Dass der Prophet für uns ein sehr wichtiges Vorbild ist, vermittelt uns der barmherzige Gott durch folgende Offenbarungen:

„Sprich (o Prophet): Wenn ihr Gott liebt, dann folgt mir, so wird Gott euch lieben und euch eure Sünden vergeben. Und Gott ist voller Vergebung und barmherzig" (3:31).

„Ihr habt im Gesandten Gottes ein schönes Vorbild, (und zwar) für jeden, der auf Gott und den Jüngsten Tag hofft und Gottes viel gedenkt" (33:21).

„Und du (O Prophet) besitzt großartige Charakterzüge" (68:4).

„Nun ist ein Gesandter aus euren eigenen Reihen zu euch gekommen – einer, dem es nahe geht, wenn ihr in Be-

drängnis kommt, dem sehr an eurer Rechtleitung und euch liegt und der zu den Gläubigen mitleidig und barmherzig ist" (9:128).

Der folgende Vers zeigt eindeutig, wie wichtig der Prophet für den Muslim ist und dass der wahre Weg durch ihn zu finden ist:

"So wie Wir auch unter euch einen Gesandten aus eurer Mitte entsandt haben, der euch unsere Zeichen verliest, euch läutert und euch das Buch und die Weisheit lehrt und euch das lehrt, was ihr nicht wusstet" (2:151).

Halal

Halal sind Handlungen, die Gott im Koran als „eindeutig erlaubt" erklärt hat und deren Praxis aus religiöser Sicht zulässig ist. Grundsätzlich sind alle Handlungen erlaubt, wenn sie im Koran oder in der Sunna nicht verboten werden.

Haram

Haram sind im Gegensatz zu *halal* Handlungen, die durch Offenbarungen eindeutig verboten worden sind. *Haram* wird in zwei Kategorien unterteilt: unmittelbare Verbote *(haram li-dhatihi)* und mittelbare Verbote *(haram li-ghayrihi)*. Beispielsweise ist das Fahren mit öffentlichen Verkehrsmitteln *halal,* wohingegen Schwarzfahren *haram* ist. Oder das Brotessen ist im Prinzip *halal*, aber das Essen von gestohlenem Brot *haram (haram li-ghayrihi)*. Unmittelbare Verbote sind: Alkohol, Glücksspiel, Verzehr von Schweinefleisch, üble Nachrede, Lügen, Verleumdungen, Hass, Neid und Argwohn.

„Ihr Gläubigen! Wein, das Losspiel, Opfersteine und Lospfeile sind (ein wahrer) Gräuel und Teufelswerk. Meidet es! Vielleicht wird es euch (dann) wohl ergehen" (5:90).

„Verboten ist euch (als Nahrung) das Fleisch von verendeten Tieren, Blut, Schweinefleisch und das (Fleisch von Tieren die) im Namen eines anderen als Gott geopfert wurden, von Ersticktem, Erschlagenem, zu Tode Gestürztem und (von anderen Tieren) zu Tode Gestoßenem, und was von wilden Tieren gerissen worden ist – mit Ausnahme dessen, was ihr noch rechtmäßig machen konntet (indem ihr das Tier wie vorgeschrieben geschlachtet habt, während es noch lebendig war) – und was geopfert worden ist für etwas, das als Götze herhalten muss, an Orten, die der Opferung für andere als Gott vorbehalten sind." (5:3).

„O ihr, die ihr glaubt! Vermeidet häufigen Argwohn, denn mancher Argwohn ist eine schwere Sünde (die von Gott bestraft wird): Und belauert euch nicht (gegenseitig), und sprecht nicht schlecht (über einander). Würde etwa irgendjemand von euch das Fleisch seines toten Bruders essen wollen?" (49:12).

PRAXI**SLAM** (Ilmihal)

Dem Menschen werden jene Handlungen verboten, die ihm und auch seiner Umgebung schaden. Gott weiß, was den Menschen schadet und was nicht; die Menschen hingegen erkennen die Weisheit hinter den Verboten oft nicht. Verbote von Alkohol, Lügen und Glücksspiel gelten als „klare Verbote", deren Verbot der Mensch logisch nachvollziehen kann. Doch was ist, wenn ein Verbot Gottes für einen Gläubigen nicht direkt verständlich ist? Hier ist es wichtig, Gott zu vertrauen und demgemäß zu handeln. Um es mit einem Beispiel zu untermauern: Für viele Kinder ist ein Zahnarztbesuch schrecklich. Es ist für Kinder aber wichtig, zum Zahnarzt zu gehen, und Eltern bestehen darauf, da sie wissen, wie wichtig gesunde Zähne sind. Das Kind weiß das vielleicht nicht. Auch wenn das Kind sich weigern sollte – ein Zahnarztbesuch ist von großem Nutzen. So ist es auch in Bezug auf den Alltag eines Muslims. Es kann vorkommen, dass wir etwas essen möchten, dies aber untersagt ist; in diesem Moment ist es wichtig zu wissen, dass das Verbot große Weisheit in sich birgt und Gott dem Menschen nichts verbietet, was ihm in der Tat von Nutzen wäre. Hinzu kommt, dass es heutzutage zu fast jedem religiösen Ge- und Verbot eine zusätzliche wissenschaftliche Legitimation gibt, auf die in diesem Buch jedoch nicht näher eingegangen werden kann.

Wir erleben heutzutage die inflationäre Erwähnung von *haram* und *halal*. Nicht selten hören wir: „Bruder, das ist *haram!*" Wir müssen wissen, dass nicht Menschen bestimmen, was *halal* oder *haram* ist, sondern dass dies allein von Gott festgelegt wird. Wenn kein eindeutiges Verbot vorhanden ist, kann eine Handlung daher nicht als *haram* erklärt werden.

Im Leben des Propheten (Friede sei mit ihm) wurden Meinungen über manche Ge- und Verbote mitunter geändert. Angelegenheiten, die der muslimischen Community anfangs verboten waren, wurden später erlaubt, oder umgekehrt. Als Beispiel kann angeführt werden, dass der Prophet seiner jungen Gemeinschaft, insbesondere den Frauen, zunächst den Besuch der Gräber untersagt hatte. Nach einer Weile, nachdem diese junge Gemeinde eine gewisse Reife erreicht hatte, hat der Prophet den Besuch wieder erlaubt und sogar empfohlen. Wir haben daher nicht das Recht, etwas nicht Eindeutiges zu *haram* zu erklären bzw. jemandem auf dieser Grundlage den Glauben abzusprechen.

Um aus dem Koran und der Sunna normative Aussagen abzuleiten bzw. etwas als *haram* oder *halal* zu erklären, benötigt man Fachwissen. Nicht jeder, der das Strafgesetzbuch lesen kann, wird Richter. Aus diesem Grund sind wir auf das Fachwissen von Gelehrten (die sich nach dem Koran und der Sunna richten) bzw. auf Spezialisten angewiesen. Denn es gibt Koranverse, die später abrogiert (rechtmäßig für ungültig erklärt) worden sind, die aber trotzdem im Koran- oder Hadithtext vorhanden sind.

Diejenigen, die sich mit dem Kontext und den Methoden der normativen Ableitung auskennen, vermitteln uns mit sämtlichen Beweisführungen aus dem Koran, der Sunna, des Konsensus und des Analogieschlusses, was *halal* und *haram* ist.

Mekruh

Mekruh wird als „verwerflich" bzw. „zuwider" übersetzt. Die verwerfliche Handlung wird in der hanefitischen Lehre in zwei Bereiche unterteilt. 1. *mekruh tenzihen* und 2. *mekruh tahrimen*.

Mekruh tenzihen: Die Unterlassung des *mekruh* wird belohnt, wobei die Ausführung nicht sanktioniert wird.

Mekruh tahrimen: Ist das Gegenteil von *wadjib*. Das heißt, dass zwar bei den Ge- oder Verboten ein klarer Beweis aus dem Koran, den *hadith-mutewātir* (d. h. den allseits bekannten Hadithen) oder aus dem Konsensus der muslimischen Gelehrten vorliegt, die Beweislage jedoch im Hinblick auf *haram* oder *mekruh* nicht klar ist.

Selbst wenn die verwerfliche Handlung nur eine kleine Missetat ist, die der Umgebung nicht schadet, ist diese dennoch zu unterlassen. Denn genau wie dünne Fäden ein robustes Seil bilden, können kleine Missetaten zu großen Sünden führen. Als *mekruh* werden gesehen: die verschwenderische Nahrungsaufnahme oder die bewusste Vernachlässigung bzw. Missachtung guter Handlungen.

1. Kapitel

Auch hier möchte Gott Gutes für Seine Geschöpfe, indem Er sie gewissermaßen zum Guten zwingt.

2. Kapitel

„Die sieben Himmel und die Erde und wer auch immer in ihnen ist, preisen Ihn. Es gibt nichts, das Seine Herrlichkeit nicht rühmt (und verkündet, dass aller Lobpreis nur Ihm allein gebührt), auch wenn ihr (dazu neigt), deren Lobpreisung nicht zu verstehen. Er ist fürwahr der Nachsichtige, Vergebende" (17:44).

Der Islam – die Religion der Sauberkeit

Der Islam legt großen Wert auf Reinlichkeit, es scheint, als wäre Sauberkeit die Seele des Gottesdienstes.

Der Koran fordert dazu auf, vor dem Gottesdienst den Körper zu reinigen: *„In ihr (der Moschee) sind Menschen, die es lieben, sich rein zu halten (von jeglichem spirituellen oder moralischen Makel). Gott liebt diejenigen, die danach streben, sich reinzuhalten"* (9:108).

Im Prophetenwort heißt es hierzu: *„Gott liebt die Sauberkeit und saubere Menschen"* (Tirmidhi).

Um das Wohlgefallen Gottes zu erlangen, hat der Muslim sowohl auf seine materielle als auch auf seine immaterielle Reinheit zu achten. Für den Muslim ist es auch essentiell, auf seine geistige Reinheit zu achten, indem er sich von schlechten Gedanken und Gefühlen reinigt bzw. fernhält. Die geistige Reinheit ist nur dann zu erlangen, wenn sich unsere Gefühle und Gedanken auf die Zustimmung Gottes richten. Damit der Gottesdienst akzeptiert und die seelische Zufriedenheit erreicht wird, obliegt es dem Muslim, sich sowohl körperlich als auch seelisch rein zu halten.

Um das Gebet zu verrichten, ist die körperliche Gebets-waschung erforderlich. Ohne diese darf das Gebet nicht verrichtet werden. Voraussetzung für das Gebet ist jedoch nicht nur die körperliche und seelische Reinheit, sondern u. a. auch die Reinheit des Gebetsplatzes. Schauen wir uns das detaillierter an.

Die Sauberkeit und der Gottesdienst

Taharah ist ein arabisches Wort und bedeutet „Sauber-keit". Die islamische Religion schreibt nur vor, sich von materiellen Unreinheiten (tr. *necaset*) und von immateriel-len Unreinheiten (tr. *hadeth*) zu reinigen, da sie Hindernis-se für den Gottesdienst darstellen. Es gibt also zwei Arten von *taharah:*

1. Die materielle Unreinheit *(nedjaset)*

2. Die immaterielle Unreinheit *(hadeth)*

Was bedeutet materielle Unreinheit?

Es ist wichtig, dass die Kleidung, mit der man vor Gott steht, sauber und gepflegt ist. Schmutz und Flecken am Körper oder an der Kleidung werden im islamischen Recht als unrein eingestuft. Materielle Reinigung bedeutet, den Körper und die Kleidung von Schmutz zu befreien.

Was bedeutet Reinigung von immaterieller Unreinheit?

Immaterieller Schmutz wie beispielsweise der Zustand ohne Gebetswaschung oder körperliche Unreinheit (Zustand ohne Ganzkörperwaschung) sowie die Zeit der Menstruation (tr. *hayız*) und des Wochenbetts (tr. *nifâs*) verhindert das Verrichten des Gebets. Es geht darum, durch Ganzkörperwaschung und Gebetswaschung den Zustand des immateriellen Schmutzes aufzuheben. Die Umstände und Gründe für den Zustand immaterieller Unreinheit werden später im Kapitel „Reinigung von immateriellem Schmutz" detaillierter behandelt.

Reinigung von materiellem Schmutz

Unter materiellem Schmutz versteht man sichtbaren Schmutz. Im Hinblick auf das Gebet gilt es, Folgendes zu unterscheiden: erstens Schmutz von Menschen, Kot, Urin und Blut sowie von Tieren, deren Fleisch nicht verzehrbar ist. Es sollte unbedingt darauf geachtet werden, dass Körper und Kleidung von solchem Schmutz reingehalten werden. In trockenem Zustand darf dieser Schmutz nicht sichtbar sein und im flüssigen Zustand nicht mehr als die innere Handfläche bedecken. Wenn die Verunreinigung größer ist, ist diese vor dem Gebet, wenn die Möglichkeit dazu besteht, zu entfernen. Das Blut von Menschen und Tieren wird als unrein und Hindernis für das Gebet gewertet. Das Blut von Fliegen stellt kein Hindernis für das Gebet dar.

Um es den Gläubigen zu erleichtern, toleriert unsere Religion Verunreinigungen, die bestimmte Grenzen nicht überschreiten. Es ist der religiösen Seele angemessener, fern von jeglicher Unreinheit zu sein und Gott aus Respekt zu dienen. Das ist ähnlich wie bei einem Vorstellungsgespräch. Kein Arbeitgeber stellt einen Bewerber ein, der mit schmutziger Kleidung auftritt. Wenn wir uns schon bemühen, vor einem Arbeitgeber gut aufzutreten, wie viel mehr sollten wir uns bemühen, täglich vor Gott angemessen zu erscheinen …

Wege, sich von materiellem Schmutz zu säubern

Schmutzige Substanzen (ar. *nedjis*), können mit sauberem Wasser abgewaschen oder weggewischt werden. Wenn Substanzen wie Urin unseren Körper beschmutzen, wird empfohlen, diese durch dreimaliges Waschen zu entfernen. Dies gilt auch für andere verschmutzte Stellen auf der Kleidung. Im Notfall, wenn also sonst die Zeit des Hauptgebets überschritten oder das Gemeinschaftsgebet verpasst wird, kann das Gebet auch mit materiellem Schmutz verrichtet werden.

Die materielle Reinheit als Sunna

Wie wichtig die körperliche Reinheit für den Muslim ist, sagt uns der Prophet Muhammed (Friede sei mit ihm): „*Dass jeder Muslim sich alle sieben Tage wäscht, ist das Anrecht Gottes.*" Damit ist nicht die tägliche Dusche gemeint, sondern eine umfassende, gründliche Körperpflege. Neben der Reinigung des Körpers von jeglichem Schmutz und Dreck und dem Geruch von Schweiß, muss die Waschung von bestimmten Körperteilen besonders beachtet werden. Die Haare müssen öfters gewaschen und die Behaarung unter den Armen muss regelmäßig rasiert werden. Außerdem ist auf die Reinheit von Fingernägeln, Mund und Nase stets besonders zu achten. Scham- bzw. Achselhaare und Nägel sowie der gesamte getrocknete Schmutz sollten vor der Ganzkörperwaschung entfernt werden.

Die Reinigung von immateriellem Schmutz

Die Gebetswaschung (ar. *wuḍu'*, tr. *abdest*)

Die Gebetswaschung bedeutet Reinheit und Schönheit. Aus religiöser Sicht bedeutet es jedoch, sich nach den Prinzipien, die im Koran und in der Sunna erläutert werden, zu waschen und zu reinigen. Die Gebetswaschung ist die Hauptvoraussetzung für alle gottesdienstlichen Handlungen. Gott will, dass wir Ihm sauber gegenüberstehen. Diese Art von Reinigung verleiht dem Menschen Freude im Herzen. Die Gebetswaschung wird mit einem geistigen Schild verglichen, das uns vor schlechten Gedanken und Boshaftigkeiten schützt. In einem Hadith des Propheten (Friede sei mit ihm) heißt es hierzu: *„Wer die Waschung rechtens unternimmt und im Folgenden rechtens betet, von dem fallen die bisherigen kleinen Sünden ab."*

Was sind die Hauptvoraussetzungen (ar. *farḍ*, tr. *farz*) der Gebetswaschung?

In der Sure Maide (Sure 5) heißt es hierzu: „*Ihr Gläubigen! Wenn ihr euch zum Gebet aufstellt, dann wascht euch (vorher) das Gesicht und die Hände bis zu den Ellenbogen und streicht euch über den Kopf und (wascht euch) die Füße bis zu den Knöcheln*" (5:6).

Die Gebetswaschung besteht aus vier Hauptvoraussetzungen:

1. Waschen vom Haaransatz über die Ohrläppchen bis zum Kinn, ohne eine trockene Stelle zu hinterlassen

2. Die Hände und die Arme bis zu den Ellenbogen einmal waschen

3. Ein Viertel der Kopfhaut anfeuchten. Das Anfeuchten geschieht mit der inneren Handfläche

4. Die Füße bis zu den Knöcheln einschließlich der Fersen waschen

Was ist die Sunna der Gebetswaschung?

1. Zu Beginn der Waschung die Hände gründlich waschen

2. Vor dem Beginn der Waschung die Zähne putzen oder mit den Fingern reiben

3. Die Waschung mit der *Besmele* „Bismillahirrahmanirrahim" (Im Namen Gottes, des Erbarmers, des Barmherzigen) beginnen

4. Die Absicht zur Gebetswaschung aussprechen

5. Die betroffenen Körperteile jeweils dreimal waschen

6. Den Mund und die Nase dreimal ausspülen

7. Beim Waschen der Arme und Füße zuerst mit dem rechten Arm bzw. Fuß beginnen

8. Den Kopf vom Haaransatz bis zum Nacken anfeuchten

9. Die Ohren und den Hals anfeuchten

10. Die Waschung von Händen und Füßen mit den Fingern bzw. Zehen beginnen

Wenn man sich nicht an die Sunna der Gebetswaschung hält, führt dies zwar nicht zur Ungültigkeit der Waschung, doch die Belohnung wird viel geringer sein. Deshalb ist es am Schönsten, sich bei der Waschung, wie bei den anderen Gottesdiensten auch, an dem Propheten (Friede sei auf ihm) zu orientieren.

Die ideale Waschung

1. Die Absicht fassen, die *Eudhu-Besmele* aussprechen, die Hände waschen und wenn möglich über die Handrücken reiben: mit der rechten Handfläche über die linke Hand und umgekehrt.

2. Mit der sauberen rechten Hand ein Schluck Wasser in den Mund nehmen und die Zähne mit dem *Miswak* putzen; wenn kein *Miswak* vorhanden ist, die Zähne mit dem Zeigefinger putzen. Diesen Vorgang dreimal wiederholen.

3. Mit der rechten Hand Wasser in die Nase führen und die Nase mit der linken Hand putzen. Diesen Vorgang dreimal wiederholen.

4. Wasser in die Handfläche geben und das Gesicht vom Haaransatz bis zum Kinn waschen. Den Vorgang dreimal wiederholen.

5. Die rechte Handfläche mit Wasser füllen und dieses Wasser über die Handgelenke gleitend zum Ellenbogen fließen lassen, um dann die rechte Hand bis zum Ende der Ellenbogen zu waschen. Diesen Vorgang dreimal auch für die linke Hand und den linken Ellenbogen wiederholen.

6. Beide Hände anfeuchten. Beide Daumen leicht in die Ohrlöcher führen und mit beiden Händen an der Stirn anfangend über den Kopf streichen, dann den kleinen Finger in die Ohrlöcher führen und zugleich mit den Innenflächen der Daumen die Hinterohren befeuchten. Anschließend Zeigefinger, Mittelfinger und Ringfinger zusammenhalten und mit deren Außenflächen den Nacken anfeuchten. Dieser Vorgang wird nicht wiederholt. So wird die Feuchte der Hände und Fingerflächen optimal ausgenutzt.

7. Zuerst den rechten, dann den linken Fuß zwischen den Zehen reibend bis zu den Fersen gründlich waschen.

Hinweis: Bei jeder Handlung der Gebetswaschung pflegte der Prophet noch ein besonderes Bittgebet auszusprechen. Bei dieser Darstellung wurde jedoch auf diese Einzelheit verzichtet. Ansonsten wird hier die Waschung des Propheten, also die ideale Waschung, aber ausführlich beschrieben.

Einige zu beachtende und empfohlene Regeln (ar. *mandub*, tr. *mendup*) bei der Gebetswaschung

1. Auf den zu waschenden Körperteilen sollten keine trockenen Bereiche zurückbleiben

2. Wenn auf der Haut wasserundurchlässige Substanzen wie Teig, Nagellack oder Farbe vorhanden sind, müssen diese vor der Waschung entfernt werden

3. Henna verhindert die Waschung nicht

4. Falls ein Ring vorhanden ist, ist dieser zu bewegen, auch wenn er nicht fest ansitzt

5. Es ist darauf zu achten, dass die Fersen genügend Wasser abbekommen

6. Es soll aber auch darauf geachtet werden, dass nicht allzu viel Wasser verbraucht wird

7. Zwischen den Zehen sollten auch keine trockenen Bereiche zurückbleiben

8. Wenn auf den zu waschenden Körperteilen Wunden vorhanden sind, so genügt es, diese Stellen mit der angefeuchteten Hand zu berühren (tr. *mesh*). Wenn dies nicht möglich ist, so verzichtet man auch auf das Anfeuchten

8. Wenn auf den Wunden ein Verband vorhanden ist, welcher nicht geöffnet werden sollte, so feuchtet man den Verband an

10. Auf die Reihenfolge der Waschung sollte achtgegeben werden

11. Bei der Waschung der verschiedenen Körperteile zwischenzeitlich zu pausieren, hebt die Gültigkeit der Gebetswaschung nicht auf, ist jedoch verpönt

12. Während der Gebetswaschung sollte man sich, falls möglich und bekannt, Richtung Kaaba wenden

13. Um sich ganz der Gebetswaschung zu widmen, soll das Reden möglichst vermieden werden

14. Das Schnäuzen der Nase mit der linken Hand durchführen

15. Nach der Waschung die Sure Al-Qadr rezitieren

Was hebt die Gültigkeit der Gebetswaschung auf?

Durch folgende Handlungen und Zustände wird die Gültigkeit der Gebetswaschung aufgehoben:

1. Harnlassen oder Stuhlgang

2. Blähungen

3. Austritt von Blut oder Eiter

4. Erbrechen von mindestens einer Mundfülle

5. Tiefschlaf entweder im Liegen oder im Anlehnen, sodass man die Stimmen und Geräusche in der Umgebung nicht mehr wahrnimmt

6. Bewusstlosigkeit

7. Geistesabwesenheit z. B. bei Trunkenheit. Gott möchte von den Menschen, dass sie sich Ihm in voller Geisteskraft und bei vollem Bewusstsein nähern

8. Während des Gebets in einer Lautstärke zu lachen, die von mindestens einer Person zu vernehmen ist

Was hebt die Gültigkeit der Gebetswaschung nicht auf?

1. Erbrechen von weniger als einer Mundfülle

2. Schleimausstoß

3. Einnicken im Sitzen, während man Gespräche in der Umgebung noch wahrnimmt

4. Weinen

5. Während des Gebets zu lächeln

6. Das Schneiden von Haaren oder Nägeln

7. Während des Gebets in einer Lautstärke zu lachen, welche von der eigenen Person wahrgenommen werden kann, von anderen aber nicht. Dies hebt die Gültigkeit der Gebetswaschung zwar nicht auf, verhindert aber das Gebet

8. Wenn das Ausmaß von Blut und Eiter nicht größer ist als der Kopf einer Nadel, und an der betroffenen Stelle nicht verwischt

Der Ablauf der Gebetswaschung

Nachdem die Pflichten, die Sunna und andere zu beachtenden Angelegenheiten bei der Gebetswaschung behandelt wurden, soll nun im Folgenden der genaue Ablauf einer *idealen* Waschung erläutert werden.

Zunächst fasst man die Absicht, indem man sagt: „Um Gottes Wohlgefallen zu erlangen, beabsichtige ich, die Gebetswaschung durchzuführen." Bei der Absicht ist es wichtig, diese im Herzen zu spüren. Deshalb ist es keine Pflicht, den Vorsatz mündlich auszusprechen.

Nach dem Vorsatz spricht man die *Besmele* und wäscht sich die Hände bis zu den Handgelenken. Wenn man einen Ring am Finger hat, sollte dieser kurz hin- und herbewegt werden.

Danach nimmt man mit der rechten Hand dreimal Wasser in den Mund und spült es jeweils aus. Genauso wäscht man sich die Nase dreimal und schnäuzt mit der linken Hand. Dann nimmt man mit beiden Händen eine Handvoll Wasser und wäscht dreimal das ganze Gesicht. Daraufhin wäscht man dreimal erst den rechten Arm und dann den linken Arm einschließlich des Ellenbogens. Die Hände werden befeuchtet und ein Viertel des Kopfes wird mit der feuchten Hand berührt. Anschließend wird die Innenseite der Ohren mit dem Zeige- oder kleinen Finger und die Außenseite der Ohren mit dem Daumen befeuchtet. Hinterher wird mit dem feuchten Handrücken der Nacken befeuchtet. Daraufhin werden dreimal zunächst der rechte Fuß und dann der linke Fuß einschließlich der Fersen gewaschen. Beim Waschen der Füße ist besonders darauf zu achten, zwischen den Zehen und am hinteren Bereich der Fersen nichts ungewaschen zu lassen.

Wenn all diese Schritte vollendet sind, zählt die Gebetswaschung als abgeschlossen. Es ist angemessener, während der Gebetswaschung nicht zu sprechen. Während der Waschung sollten leise Gebete aufgesagt werden, statt über weltliche Dinge zu reden.

Was ist ohne Gebetswaschung untersagt?

1. Das Gebet zu verrichten

2. Die Kaaba zu umrunden

3. Den Koran zu berühren

Aus Respekt vor dem Koran sollte ohne die Gebetswaschung der Koran nicht berührt werden. Es ist aber erlaubt, den Koran mit einer Hülle oder mit etwas Sauberem anzufassen bzw. ihn auswendig zu rezitieren. Es ist auch erlaubt, ohne Gebetswaschung in einem Buch, das verschiedene Stellen aus dem Koran beinhaltet, Koranverse zu lesen.

Warum ist es tugendhafter, stets im rituellen Reinheitszustand zu sein (tr. *abdestli olmak*)?

Die Gebetswaschung ist ein Mittel, um große Belohnungen und geistigen Nutzen zu erlangen. Der Prophet Muhammed (Friede sei auf ihm) sagte, dass jemand, der den rituellen Reinheitszustand aufrechterhält und selbst vor dem Schlafengehen nicht darauf verzichtet, mit folgendem Nutzen rechnen kann:

1. Ihm wird stetig eine Belohnung zugeschrieben

2. Alle gewaschenen Körperteile dieser Person gedenken Gottes; selbst wenn die Person nichts ausspricht, spricht ihr Körper für sie

3. Die Engel schützen ihn vor Gefahren, die ihn in der Nacht treffen könnten

4. Diese Person befindet sich unter dem ständigen Schutz Gottes

Die Ganzkörperwaschung (ar. *ghusl*, tr. *boy abdesti/gusül*)

Was bedeutet die Ganzkörperwaschung?

Ghusl bedeutet lexikalisch „sich waschen". Die Definition von *ghusl* als islamischer Fachbegriff lautet hingegen: Den ganzen Körper, ohne eine trockene Stelle zu hinterlassen, mit sauberem Wasser waschen. Die Ganzkörperwaschung ist eine Grundwaschung, die fast für alle Gottesdienste als oberste Priorität gilt. Wenn kein Wasser zur Verfügung steht, werden alternative Maßnahmen ergriffen. Der Mensch hat die Pflicht, sich sobald wie möglich aus einem Zustand ritueller Unreinheit zu befreien.

In welchen Situationen wird die Ganzkörperwaschung notwendig?

Es gibt drei Zustände, die die Ganzkörperwaschung erfordern:

1. Jede Art von Samenerguss bei Männern im Zusammenhang mit Lust

2. Jede Art von Orgasmus bei Frauen im Zusammenhang mit Lust

3. Nach der Menstruation und im Wochenbett

Samenerguss und Orgasmus

Zum Samenguss bzw. Orgasmus kann es auf unterschiedlichen Wegen kommen. Wenn man aus dem Schlaf erwacht, sich *nicht* daran erinnern kann, dass es während des Schlafs zum Samenerguss gekommen ist, jedoch feststellt, dass Sperma ausgetreten ist, sollte unbedingt die Ganzkörperwaschung durchgeführt werden. Die Menge spielt hierbei keine Rolle. Im Gegensatz dazu ist die Ganzkörperwaschung nicht durchzuführen, wenn man den Samenerguss nur vermutet, jedoch nicht feststellen kann. Im Falle des Samenergusses ist es besser, erst nach dem Urinieren die Ganzkörperwaschung durchzuführen.

Die Menstruation bei Frauen

Wenn die Blutung beendet ist, ist unbedingt die Ganzkörperwaschung durchzuführen. Auf Details gehen wir in einem späteren Abschnitt ein.

Was sind die Hauptvoraussetzungen (ar. *farḍ*, tr. *farz*) bei der Ganzkörperwaschung?

Die Ganzkörperwaschung besteht aus drei Hauptvoraussetzungen:

1. Den Mund einmal gründlich mit Wasser ausspülen

2. Die Nase einmal gründlich ausspülen

3. Den ganzen Körper, ohne eine trockene Stelle zu hinterlassen, einmal gründlich waschen

Was ist die Sunna der Ganzkörperwaschung?

1. Die Ganzkörperwaschung mit der *Besmele* beginnen

2. Die Absicht zur Ganzkörperwaschung im Herzen fassen und mündlich aussprechen

3. Vor der Ganzkörperwaschung zunächst die Hände, dann den Intimbereich waschen und anschließend die Gebetswaschung durchführen

4. Nach der Gebetswaschung dreimal den Kopf waschen, anschließend dreimal auf die rechte und die linke Schulter Wasser schütten

5. Geringer Wasserverbrauch, wobei darauf zu achten ist, dass der ganze Körper gründlich gewaschen wird

Was ist während der Ganzkörperwaschung zu beachten?

1. Die Kopfhaut muss nass werden

2. Ohrringe und Ringe müssen hin- und herbewegt werden, damit das Wasser darunter gelangt

3. Vor der Ganzkörperwaschung müssen Dinge entfernt werden, die verhindern, dass Wasser an die Haut gelangt: beispielsweise wasserundurchlässige Substanzen wie Lack, Farbe oder der Schmutz unter den Fingernägeln. Wasserdurchlässige Substanzen wie Henna oder Tinte müssen nicht entfernt werden

4. Die Ganzkörperwaschung muss nicht noch einmal durchgeführt werden, wenn im Nachhinein bemerkt wird, dass vergessen wurde, den Mund, die Nase oder ein einen anderen Körperteil zu waschen. Es genügt, dies dann nachzuholen

5. Es ist angemessener, Scham- bzw. Achselhaare und Nägel in reinem Zustand – also nach der Ganzkörperwaschung – zu entfernen bzw. zu schneiden. Wenn man diese jedoch in unreinem Zustand entfernt, hat es trotzdem keinen Einfluss auf die Ganzkörperwaschung

Wie führt man idealerweise die Ganzkörperwaschung durch?

Zunächst spricht man den Vorsatz aus: „Um Gottes Wohlgefallen zu erlangen, beabsichtige ich, die Ganzkörperwaschung durchzuführen." Danach spricht man die *Besmele* und wäscht sich den Intimbereich. Hinterher wäscht man sich die Hände und führt gründlich die Gebetswaschung durch. Anschließend wird der gesamte Körper, ohne eine trockene Stelle zu hinterlassen, gewaschen.

Wenn die Zeit zum Waschen beschränkt ist, dann genügt es, lediglich die unbedingt notwendigen Hauptvoraussetzungen der Ganzkörperwaschung durchzuführen. Zunächst werden Mund und Nase gründlich ausgespült. Danach schüttet man Wasser auf Kopf und Schultern. Wenn man sicher ist, dass keine trockene Stelle am Körper mehr vorhanden ist, zählt man als rituell gereinigt.

Kann man nach der Ganzkörperwaschung den Gottesdienst durchführen?

Nach der Ganzkörperwaschung kann man alle Arten des Gottesdienstes durchführen. Sobald aber die unter „Was hebt die Gültigkeit der Gebetswaschung auf?" aufgezählten Punkte eintreten, wird die Gebetswaschung aufgehoben, nicht aber die Ganzkörperwaschung.

Was ist im rituell unreinen Zustand (dem Zustand ohne Ganzkörperwaschung) verboten?

1. Die Verrichtung des Gebets

2. Die Rezitation des Korans

3. Das Berühren des Korans bzw. das Aussprechen von Koranversen

4. Das Betreten der Moschee, wenn keine Notwendigkeit dazu besteht

5. Die Umrundung der Kaaba

Was ist im rituell unreinen Zustand erlaubt?

1. Die *Besmele* aussprechen

2. Den Koran mit einem sauberen Tuch halten

3. Mit der Absicht Gott zu gedenken, Suren und Gebete wie die Suren El-Fatiha und Ihlās sowie den *âyet el-kursî* (den Thronvers 2:255) rezitieren

4. Mit der Absicht Gott zu gedenken, Lobpreisungen wie *lā ilāhe illa -llāh* (Es gibt keine Gottheit außer Gott), *lā hawle we lā quwwete illā bi-llāh* (Es gibt keine Kraft und keine Macht außer bei Gott), *subhān Allāh* (Erhaben ist Gott) und *el-hamdu li-lleh* (Gepriesen sei Gott) aussprechen

5. Segenswünsche (ar. *salawāt*, tr. *salavat*) aussprechen

6. Essen und trinken. Doch zuvor müssen die Hände und der Mund gewaschen werden. Während des Fastenmonats Ramadan dürfen Frauen in unreinem Zustand essen und trinken

7. Schlafen, wenn die Gebetszeit nicht überschritten wird

Teyemmum

Was ist *teyemmum*?

Der arabische Begriff *teyemmum* hat sich im deutschen Sprachgebrauch einen Platz verschafft. Wörtlich übersetzt bedeutet er „Sandwaschung" oder „Staubwaschung". Allerdings geben diese wörtlichen Übersetzungen den Sinngehalt von *teyemmum* nicht ausreichend wieder. *Teyemmum* gilt als Ersatzwaschung für die Gebetswaschung und die Ganzkörperwaschung, an Orten, an denen kein Wasser vorhanden ist.

Teyemmum kann mit Erde, Sand oder Ähnlichem vollzogen werden. Auch kann man die Hände an Beton und Fliesen klopfen, da sie Erde ähnlich sind und nicht zu Asche werden. Es ist eine offensichtliche Erleichterung für Muslime. So haben die Gläubigen die Möglichkeit, einen reinen Zustand zu erlangen, auch wenn kein Wasser vorhanden oder aus unterschiedlichen Gründen nicht verwendbar ist. Auf diese Weise können Aufgaben gegenüber Gott trotz unerwarteter Umstände durchgeführt werden.

„(…) und wenn ihr kein Wasser findet, dann sucht euch reinen Erdboden, und streicht euch damit über Gesicht und Hände (und Unterarme bis über die Ellbogen). Gott will euch keine Schwierigkeiten auferlegen, sondern Er will euch reinigen (von jeglichem materiellen und spirituellen Schmutz) und Seine Gnade an euch vollenden, damit ihr Dank abstatten mögt" (5:6).

Man sollte stets bemüht sein, den Zustand der rituellen Unreinheit so kurz wie möglich zu halten. Je schneller man die Ganzkörperwaschung durchführt, desto besser ist es für den Muslim.

Wann ist *teyemmum* durchzuführen?

1. Wenn für die Gebets- oder Ganzkörperwaschung kein Wasser vorhanden oder das Wasser in unerreichbarer Entfernung ist

2. Wenn für die Gebets- oder Ganzkörperwaschung zwar genügend Wasser vorhanden ist, die Benutzung des

Wassers jedoch eine Lebensgefahr für die betroffen Personen darstellt

3. Wenn Wasser vorhanden, aus verschiedenen Gründen jedoch nicht zu erreichen ist, beispielsweise wenn das Wasser in einem Brunnen oder durch eine Eisschicht verdeckt ist

Wenn jemand kein Wasser bei sich oder in seiner Nähe hat, so hat er innerhalb seiner Möglichkeiten nachzuforschen, ob in der Umgebung Wasser zu finden ist. Wenn die Möglichkeit gegeben ist, ist die Waschung durchzuführen.

Zu beachtende Regeln

1. *Teyemmum* kann durchgeführt werden, bevor die Gebetszeit eintritt. Wenn jedoch Hoffnung besteht, vor Überschreitung der Gebetszeit Wasser zu bekommen, sollte auf *teyemmum* zunächst verzichtet werden.

2. Wenn sich an den meisten Körperteilen, die während der Gebetswaschung gewaschen werden müssen, Wunden oder Verletzungen befinden, kann *teyemmum* selbst dann durchgeführt werden, wenn Wasser vorhanden ist. Dies gilt auch für die Ganzkörperwaschung.

3. Wenn die Gebetswaschung aus eigener Kraft nicht durchgeführt werden kann und keine fremde Hilfe besteht, so kann statt der Gebetswaschung *teyemmum* durchgeführt werden. Dies gilt auch für die Ganzkörperwaschung.

Wie führt man *teyemmum* durch?

Vor dem *teyemmum* ist die Absicht im Herzen zu fassen und mündlich auszusprechen. Danach ist die offene Handfläche auf saubere Erde oder Ähnliches zu streichen. Daraufhin sollten die Hände kurz geschüttelt werden, um noch vorhandenen Staub zu entfernen. Die Hände müssen nun über das gesamte Gesicht gestrichen werden. Danach werden beide Hände wieder auf saubere Erde geklopft und noch vorhandener Staub entfernt. Nun streicht man mit der rechten Hand über den linken Arm und mit der linken Hand über den rechten Arm. Damit ist das *teyemmum* beendet.

Was ist beim *teyemmum* unbedingt zu beachten?

In Verbindung mit teyemmum gilt es, drei Kernaufgaben (ar. *farḍ*, tr. *farz*) zu erfüllen:

1. Die Absicht

2. Mit der Handinnenfläche mindestens einmal auf die Erde klopfen und sie über das gesamte Gesicht führen

3. Mit der Handinnenfläche mindestens einmal auf die Erde klopfen und hinterher über beide Arme bis zu den Ellenbogen streichen

Was ist die Sunna beim *teyemmum?*

Die wichtigsten Empfehlungen aus der prophetischen Tradition und Handlungsweise sind:

1. Der Beginn mit der *Besmele*

2. Die Reihenfolge beachten: zuerst das Gesicht, dann die Arme

3. Keine Pause zwischen den beiden Einheiten einlegen

Was macht *teyemmum* ungültig?

1. Was die Gebets- oder Ganzkörperwaschung aufhebt, hebt auch die Gültigkeit des *teyemmum* auf

2. Sobald Kontakt mit Wasser besteht bzw. kein Hindernis mehr vorhanden ist

2. Kapitel

3. Kapitel

„Die Gläubigen, sowohl Männer als auch Frauen, sind einander Beschützer, Vertraute und Helfer. Sie gebieten und fördern, was recht und gut ist, und verbieten und versuchen zu verhindern, was schlecht ist, und sie verrichten das vorgeschriebene Gebet in Übereinstimmung mit den dafür festgelegten Vorschriften, und sie bezahlen die vorgeschriebene läuternde Abgabe für Bedürftige. Sie gehorchen Gott und Seinem Gesandten. Sie sind diejenigen, denen Gott Barmherzigkeit gewähren wird. Fürwahr, Gott ist ruhmreich, von unwiderstehlicher Macht, weise" (9:71).

Wichtige Aspekte bei Frauen

Ein Hadith lautet: „*Verrichtet nicht das Hauptgebet (ar. salah, tr. namaz), wenn die Periode eintritt. Führt die Ganzkörperwaschung durch, wenn die Periode vorüber ist und verrichtet das Hauptgebet.*"

Mit besonderen Aspekten bei Frauen sind folgende drei Punkte gemeint: die Menstruation (ar. *chay*, tr. *hayiz*), das Wochenbett (ar./tr. *nifas*) und die Dauerblutung (ar. *istiḥāḍa*, tr. *istihaze kanı*).

Die Menstruation

Was ist die Menstruation?

Menstruation bezeichnet die Regelblutung bei Frauen, die ab einem bestimmten Alter, außer bei Krankheit oder Mutterschaft, eintritt. Diese Blutung wird auch Periode oder Menses genannt. Die Menstruation stellt eine besondere Situation für Frauen dar. Mit der Regelblutung treten Mädchen in die Pubertät ein. Von nun an tragen für Mädchen die Verantwortung vor Gott, vor den Menschen und vor der Umwelt. Ab diesem Zeitpunkt gelten sie prinzipiell als zurechnungsfähig bzw. religiös mündig.

Mit der Blutung werden unreine Substanzen aus dem Körper ausgeschieden, woraufhin der Körper leichter und gesünder wird. Deshalb braucht man keine Angst oder Ekel vor der Blutung zu haben. Um Mutter werden zu können, wird jedes Mädchen diese biologische Veränderung erleben. Deshalb ist dieser Zustand als etwas Normales und von Gott Gewolltes zu betrachten.

Zu beachtende Regeln während der Menstruation

1. Die Menstruation beginnt frühestens mit 9 Jahren und tritt in bestimmten Abständen monatlich bis ca. zum 55. Lebensjahr auf. Blutungen nach dem 55. Lebensjahr werden nicht mehr als Menstruation betrachtet.

2. Die Menstruation dauert mindestens drei und höchstens zehn Tage. Eine Blutung die weniger als drei oder mehr als zehn Tage dauert, ist keine Menstruation. Beides wird als ungeregelte Blutung (Zwischenblutung) bzw. Dauerblutung zu sonstigen Ausflüssen gerechnet. Zur ungeregelten Blutung gibt es später weitere Informationen.

3. Zwischen zwei Menstruationszyklen beträgt die Zeit der „rituellen Reinheit" nicht weniger als fünfzehn Tage. Deshalb kann eine Blutung, die vor der Phase von fünfzehn Tagen auftritt, nicht als Menstruationsblutung bezeichnet werden.

4. Ein Mädchen, welches zum ersten Mal die Blutung erlebt, unterbricht das Gebet und das Fasten. Wenn die

Blutung nicht länger als drei Tage dauert, ist es keine Menstruationsblutung. Das Gebet und die Fastentage müssen somit nachgeholt werden.

5. Wenn bei einem Mädchen die Blutung zum ersten Mal mindestens drei Tage und nicht mehr als zehn Tage dauert, so handelt es sich um die Menstruationsblutung. Die Anzahl der Tage einer Blutung (zwischen drei und zehn Tagen) entspricht der Dauer der Menstruation. Wenn beispielsweise bei einem Mädchen die erste Blutung acht Tage andauert, so wird die Dauer ihrer Periode auf acht Tage festgesetzt.

6. Wenn bei einem Mädchen die erste Blutung ohne Unterbrechung monatelang andauert, dann werden für dieses Mädchen jeden Monat zehn Tage als Menstruation und zwanzig Tage als Zeit der Reinheit angerechnet.

7. Die Dauer der Menstruation ist nicht bei allen gleich. Obwohl sich bei manchen Frauen die Dauer der Menstruation auf fünf, sieben oder neun Tage eingependelt hat, kann sie bei anderen von Monat zu Monat variieren.

8. Wenn bei einer Frau normalerweise die Menstruation fünf Tage dauert, die Blutung in den folgenden Monaten sechs oder sieben Tage dauert und danach wieder fünf Tage, wird die Blutung auf fünf Tage festgesetzt. Wenn jedoch auf die ursprüngliche Blutung von fünf Tagen zwei Monate mit jeweils sechs Tagen Blutung folgen, wird die Dauer der Menstruation auf sechs Tage festgesetzt.

9. Wenn bei einer Frau die Blutung normalerweise drei, vier, fünf oder sechs Tage dauert und danach die Blutung sieben, acht, neun oder zehn Tage dauert, zählen all diese Blutungen als Menstruation, wenn sie nicht länger als zehn Tage dauern. Bei einer Dauer von bis zu zehn Tagen werden die Gebete nicht nachgeholt. Wenn der Zustand der Blutung länger als zehn Tage andauert, so wird die alte Menstruationsdauer zugrunde gelegt und die restlichen Tage als sonstige Blutung gewertet. Für die Tage der Blutungen, die länger als die alte Menstruationszeit andauern, müssen die Gebete nachgeholt werden.

10. Während der Menstruation muss die Blutung nicht ununterbrochen auftreten. Auch wenn die Blutung ab und an unterbrochen wird, zählen die Blutungen während der Periode als Menstruation.

11. Das Blut während der Menstruation kann rot, schwarz, gelb, grün oder braun sein. Ganz gleich in welcher Farbe das Blut austritt, es wird als Blut der Menstruation betrachtet. Wenn die Flüssigkeit eine weiße Farbe annimmt, zählt die Menstruation als beendet und die Blutung als unterbrochen.

12. Wenn die Menstruation eintritt, noch bevor das Gebet verrichtet wurde, ist es danach nicht mehr zu verrichten.

13. Während der Menstruation gilt die Frau von ihrer rituellen Verantwortung befreit. Deshalb ist der Gottes-

dienst nur nach der Ganzkörperwaschung durchzuführen. Wenn nach der Ganzkörperwaschung Zeit zum Hauptgebet bleibt, ist dieses zu verrichten. Ansonsten ist es nachzuholen. Wenn aber nach der Ganzkörperwaschung keine Zeit mehr zum Hauptgebet bleibt, ist das Hauptgebet nicht nachzuholen.

14. Wenn man mit dem Fasten beginnt und die Menstruation danach eintritt, ist das Fasten zu brechen und nachzuholen. Das Essen nach der Menstruation ist erlaubt, besser wäre es aber zum Beispiel im Ramadan nicht offen zu zeigen, dass man nicht fastet. Es ist für Frauen zumeist unangenehm, derart Persönliches nach außen hin zu zeigen.

15. Wenn eine Frau die Menstruation fühlt, jedoch kein Blut sieht oder es mit einer Watte abdeckt, sodass kein Blut fließt, ist die Menstruation nicht eingetreten. Die Menstruation beginnt erst nach dem Beginn der Blutung.

Wieso während der Menstruation Hygiene wichtig ist

Während der Menstruation sollte Hygiene oberste Priorität haben. Wenn möglich sollte der Körper jeden Tag mit lauwarmem Wasser gewaschen werden, weil der Körper während der Periode mit vielen Bakterien in Kontakt kommt und deshalb ein unangenehmer Geruch entstehen kann. Es ist für einen Muslim und eine Muslimin Pflicht, sich rein zu halten.

Das Wochenbett

Das Wochenbett (auch Kindbett genannt) ist eine ungewisse Zeit anhaltende Blutung nach einer Geburt. Es ist die Rede von 40 Tagen (maximal sechs bis acht Wochen). Sollte die Periode darüber hinausgehen, wird die Frau als rein betrachtet. Das Wochenbett endet erst dann, wenn die Blutung vollständig zu Ende ist. Unregelmäßige Unterbrechungen sollen nicht als Beendigung des Wochenbetts verstanden werden. Wenn es zu keiner Blutung mehr kommt, kann der Gottesdienst wie üblich durchgeführt werden.

Was ist während der Menstruation und des Wochenbetts verboten?

Weil Frauen in dieser Phase meist sehr sensibel und empfindsam sind, werden gewisse gottesdienstliche Aufgaben von ihnen nicht erwartet. Sie werden von folgenden Aufgaben befreit:

Das Verrichten des Hauptgebets

Die Frau ist in dieser Zeit vom Verrichten des Hauptgebets befreit. Die verpassten Gebete müssen auch nicht nachgeholt werden. Das ist eine Erleichterung für Frauen. Das Nachholen der Hauptgebete wäre für viele Frauen eine schwere Last, denn es gibt Frauen, bei denen diese Phase evtl. länger als 10 Tage andauert. Das Nachholen aller

Hauptgebete dieser Tage wäre eine außerordentliche Belastung. Der Prophet Muhammed (Friede sei mit ihm) sagte hierzu: *„Während der Menstruation soll das Hauptgebet nicht verrichtet werden. Nach Ende der Menstruation ist die Ganzkörperwaschung vorzunehmen und dann erst zu beten."*

Das Fasten

Während Menstruation und Wochenbett sind Frauen auch vom Fasten befreit. Anders als beim Hauptgebet sind die nicht gefasteten Tage nachzuholen. Weil das Fasten nicht wie das Hauptgebet eine tägliche rituelle Handlung ist, stellt es für die Frau auch keine so schwere Last dar wie bspw. das Hauptgebet. Das Nachholen des Ramadans ist auch an anderen Tagen möglich.

Aischa, die Frau des Propheten Muhammed (Friede sei mit ihm) sagte hierzu: *„Als wir in diese Phasen eintraten, wollte der Prophet Muhammed, dass wir das Fasten nachholen. Nicht aber das Beten."*

Die Koranrezitation

Da auch die Rezitation des Korans einen Gottesdienst darstellt, ist man von der Rezitation befreit. Es ist aber kein Problem, in dieser Zeit das Bittgebet (ar. *dhikr*, tr. *zikir/tesbih*) aufzusagen und dem Koran mit den Augen zu folgen.

Lobpreisungen wie *lä ilähe illa -lläh* (Es gibt keine Gottheit außer Gott), *lä hawle we lä quwwete illä bi-lläh* (Es gibt keine Kraft und Macht außer bei Gott), *subhān Allāh* (Gepriesen sei Gott), *el-hamdu li-llēh* (Dank sei Gott), die *Besmele* und der Segenswunsch können auch ausgesprochen werden. In dieser Phase ist es wichtig, an den Hauptgebetszeiten mit Bittgebeten Gottes zu gedenken, damit es nicht zu einer vollkommenen Unterbrechung der gottesdienstlichen Handlungen kommt, und damit auch Frauen weiterhin die Nähe zu ihrem Schöpfer suchen. Die Lehrtätigkeit, ganz gleich ob diese von einem Mann oder von einer Frau durchgeführt wird, wird als heilig betrachtet, sodass es Frauen erlaubt ist, weiterhin den Islamunterricht durchzuführen. Koranlehrerinnen dürfen also auch in diesen Tagen den Koran laut vortragen.

Das Berühren des Korans

Der Koran sollte im Menstruationszustand nicht direkt berührt werden. Er kann mit einem sauberen Tuch oder einer Hülle angefasst werden.

Die Umrundung der Kaaba

Es ist auch nicht erlaubt, die Kaaba zu umrunden. Wenn nicht notwendig, sollten auch keine Moscheen betreten werden.

Ungeregelte Blutung, Zwischenblutung und Dauerblutung

Die ungeregelte Blutung ist keine Menstruationsblutung und zählt auch nicht zum Wochenbett. Da dieses Blut aus Adern stammt, entsteht hier kein unangenehmer Geruch. Dieses Bluten ist mit Nasenbluten zu vergleichen.

Von einer Dauerblutung ist die Rede, wenn sie z. B. länger als 3 Tage und weniger als 10 Tage während der Periode auftritt. 40 Tage nach dem Wochenbett auftretendes Blut gilt auch als Dauerblutung. Die Dauerblutung ist kein Hindernis für den Gottesdienst und man gilt als rituell rein.

4. Kapitel

„Wahrlich, das Hauptgebet hält ab von allem, was abscheulich und verwerflich ist, und von allem, was schlecht ist. Wahrlich, Gottes zu gedenken, ist am hervorragendsten. Gott weiß um alles, was ihr tut" (29:45).

Das Hauptgebet (ar. *salah*, tr. *namaz*)

Um das *salah* von *dua* und *dhikr* zu unterscheiden, nennen wir das *salah* „Hauptgebet", *dua* „Bittgebet" und *dhikr* „Gottgedenken". Das Hauptgebet umfasst die vorgeschriebenen fünfmaligen Gebete und unterscheidet sich von den Will-Gebeten (ar. *newafil*, tr. *nafile*) auf die später gesondert eingegangen wird. Der hanefitischen Lehre zufolge nennen wir die *Wadjib*-Gebete wie das *Witr*-Gebet oder das Festgebet „Soll-Gebete". Haupt-, Will- und Soll-Gebete haben eine bestimmte vorgeschriebene Form, die man mit dem Körper zu vollziehen hat. „Bittgebete" und „Gottgedenken" erfordern wiederum keine bestimmte, mit dem Körper zu vollziehende Form. Wenn also von Hauptgebeten die Rede ist, sind die *Haupthandlungsgebete* (tr. *farz namazları*) gemeint, die den notwendigen Kern des islamischen Gottesdienstes darstellen. Der Grund für die Auswahl dieser Begrifflichkeiten liegt darin, dass im deutschen Sprachgebrauch der Begriff „Gebet" auf alle gottesdienstlichen Angelegenheiten übertragen wird, weshalb die Differenzierung von islamischen Fachbegriffen als notwendig erachtet wurde.

Die Säule der Religion: Das Hauptgebet

Der Prophet Muhammed (Friede sei auf ihm) sagte zu seinen Gefährten: *„Wenn vor der Tür von einem von euch ein Fluss wäre, in dem er täglich fünfmal badete, meint ihr, dass dann noch irgendein Schmutz übrigbleiben würde?"* Die Prophetengefährten antworteten: „Es würde nichts übrigbleiben." Darauf sagte er: *„So ist es mit den fünf Hauptgebeten, mit denen Gott die Sünden auslöscht."*

Was ist das Hauptgebet? Wieso ist es wichtig?

Der Islam wurde auf fünf Säulen errichtet. Die erste Säule des Islams ist es, zu bezeugen, dass es keine Gottheit außer Gott gibt und Sein Prophet Muhammed (Friede sei mit ihm) Sein Diener und Gesandter ist. Diese Formulierung ist das Glaubensbekenntnis. Die zweite Säule im Islam ist das Verrichten des Hauptgebets. Das Hauptgebet gehört zu den wichtigsten täglichen Gottesdiensten eines Muslims. In der Werteskala der islamischen Lehre wird das Hauptgebet unmittelbar nach dem Glauben eingestuft. Es bringt den Menschen fünfmal am Tag Gott näher. Während keines anderen Gottesdienstes ist der Mensch so nah bei Gott wie beim Hauptgebet.

Der Islam hat dem Hauptgebet im Gegensatz zu anderen Gottesdiensten einen besonderen Wert beigemessen. In anderen Gottesdiensten gibt es immer wieder Ausnahmen, wie zum Beispiel, dass der Reisende im Ramadan das

Fasten unterlassen kann etc. Was aber das Hauptgebet betrifft, gibt es keine Ausnahmen, da es äußerst wichtig ist, sich fünfmal am Tag Gott zu widmen und Ihn zu lobpreisen.

Eine wichtige Botschaft des Propheten Mohammed: „Erst das Hauptgebet!"

Als der Prophet kurz vor seinem Tod krank wurde, nahm ihn sein Onkel Abbas am rechten und sein Neffe Ali am linken Arm und führten ihn zur Moschee in Medina. Nach Zeugenaussagen wurde der Prophet (Friede sei mit ihm) unter schwersten Bedingungen, wie etwa, dass seine Füße auf dem Boden schleiften und Spuren hinterließen, in die Moschee gebracht. Dadurch zeigte er, dass selbst in den schwersten Situationen das Hauptgebet zu verrichten ist. So wichtig ist also das Hauptgebet in unserem Alltag. Wir erkennen daran, dass das Gebet ein wichtiger Bestandteil des muslimischen Lebens ist. Zudem ist es wichtig, einen passenden Ort für das Hauptgebet auszusuchen und eine passende Gelegenheit dafür abzupassen. Was bedeutet das?

Wir leben in einer Gesellschaft, in der viele Menschen als religiöse Analphabeten betrachtet werden können. Sie verstehen die Essenz des Gottesdienstes nicht. Dass jemand bei jeder Gelegenheit den Weg zum Hauptgebet sucht, ist auch nicht unbedingt leicht nachvollziehbar. Daher ist es wichtig, sowohl dem Hauptgebet nachzugehen als auch auf Mitmenschen Rücksicht zu nehmen.

Wenn man sich beispielsweise auf einer Zugfahrt befindet, kann nach einer passenden Gelegenheit Ausschau gehalten werden, das Hauptgebet zu verrichten. Wenn diese nicht gegeben ist, kann das Hauptgebet auch im Sitzen vollzogen werden. Es besteht keine Pflicht, das Hauptgebet während der Zugfahrt im Stehen zu verrichten, schon gar nicht, wenn sich Reisende dadurch gestört fühlen könnten. Dasselbe gilt auch für die Schule. Hier kann die Schulleitung gefragt werden, ob und unter welchen Umständen sie die Verrichtung des Hauptgebets gestattet. Wird die Erlaubnis nicht erteilt, sollte man kein Problem daraus machen. Der Muslim sollte ein vorbildliches Leben führen und Streitigkeiten und Unannehmlichkeiten aus dem Weg gehen.

Das Hauptgebet als Schutzschild vor verwerflichen Taten

Der Mensch, der aufrichtig und regelmäßig die Verse des Hauptgebets rezitiert, bleibt von sich aus fern von jeglicher Boshaftigkeit und Verwerflichkeit. Er erinnert sich an das, was er vor Gott sprach und kann sich demgemäß zügeln, eine verwerfliche Tat zu begehen. Es stärkt die Frömmigkeit und religiöse Ernsthaftigkeit; und es hält von Abscheulichkeit und Verwerflichem ab. Im Hauptgebet wird bis zu 40-mal am Tag die Sure El-Fatiha rezitiert und Gott um Hilfe gebeten: *„Dir allein dienen wir, und Dich allein bitten wir um Hilfe."*

Im Koran heißt es hierzu: *„Wahrlich, das Hauptgebet hält ab von allem, was abscheulich und verwerflich ist, und von allem, was schlecht ist. Wahrlich, Gottes zu gedenken, ist am hervorragendsten. Gott weiß um alles, was ihr tut"* *(29:45).*

Fünfmal am Tag beten – ist das nicht zu viel?

Der Mensch strebt seiner Natur entsprechend nach Freiheit und möchte sich keinem Regelwerk unterordnen. Deshalb kann es vorkommen, dass Fragen aufkommen wie: „Ist fünfmal am Tag beten nicht zu viel?" Überlegen wir einmal: Gott braucht unsere Gebete nicht. Wir als Menschen sind aber auf Ihn angewiesen, das Gebet ist also für uns notwendig. Das Gebet dient zur geistigen Reinigung und Festigung der Herzen. Der Mensch hat nicht nur materielle, sondern auch spirituelle Bedürfnisse. Wie unser materieller Körper des Essens oder des Trinkens bedarf, so ist das Gebet bzw. die Hingebung zu Gott als seelische Nahrung notwendig. Weiter dient das Hauptgebet zur Unterbrechung des stressigen Alltags, speist die Seele und bereitet sie auf den weiteren Verlauf des Tages vor. Seit Jahrtausenden beten Millionen von Menschen in unterschiedlichsten Religionen und Weltanschauungen. Warum? Weil sie durch das Gebet ihre geistigen Bedürfnisse erfüllt sehen.

Besonders schwer ist es für Jugendliche, die mit dem Hauptgebet neu beginnen. Sie könnten denken, dass das Gebet zu viel ist oder sie selbst noch zu jung sind. Wichtig ist hier, Standhaftigkeit zu zeigen und nicht nachzugeben. Sobald der Jugendliche mit dem Hauptgebet beginnt, wird er oder sie merken, welch ein Genuss das Gebet ist.

Sind weltliche Angelegenheiten ein Hindernis für das Gebet?

Gott hat den Menschen 24 Stunden zur Verfügung gestellt und Er will, dass wir 1/24 davon dem Gottesdienst widmen. Das Hauptgebet samt der Gebetswaschung würden gerade einmal eine Stunde des Tages in Anspruch nehmen. Die übrigen 23 Stunden werden dem Menschen für weltliche Angelegenheiten zugesprochen. Jetzt mal Hand aufs Herz: Ist es denn nicht möglich, in den 23 verbleibenden Stunden weltliche Angelegenheiten zu erledigen und sich nur eine Stunde Gott zu widmen?

Wer würde nicht eine Stunde arbeiten wollen, wenn als Gegenleistung von dem Arbeitgeber ein ganzes Vermögen versprochen wird? Wir würden der einen Stunde nicht nur zustimmen, sondern uns auch mit aller Kraft der Arbeit widmen. Genauso verhält es sich mit dem Gebet. Gott gibt uns mehr als ein Vermögen. Es geht um Gottes Wohlgefallen und damit auch um das ewige, friedvolle Leben. Aber zugleich findet der gläubige Mensch Anteile eines irdischen Paradieses.

Ist das Hauptgebet nur etwas für ältere Menschen?

Genau wie in anderen Religionen auch ist der Gottesdienst keine Angelegenheit älterer Menschen. Auch Jugendliche haben ein Bedürfnis nach Spiritualität. Daher ist der Gottesdienst eine Pflicht, sowohl für ältere als auch für jüngere Menschen.

Es gibt drei Voraussetzungen für die Durchführung des Gottesdienstes. Man sollte unbedingt

1. muslimischen Glaubens sein,

2. bei klarem Verstand (ar. ´aqil, tr. *şuur sahibi*) sein und

3. die Pubertät erreicht haben.

Oft hört man, dass man zu jung sei oder keine Zeit habe und dass man erst nach der Rente beten könne. Vergessen wird aber eine Sache: Nicht alle Menschen auf diesem Globus sterben im Rentenalter. Es gibt auch Menschen, die sehr jung sterben; daher ist es besser, in jungen Jahren mit dem Gebet zu beginnen. Im Übrigen kennt das spirituelle Bedürfnis kein Alter. Es steht in keinem Buch, dass die Suche nach Spiritualität erst bei älteren Menschen beginnt. Auch junge Menschen, und ihre Zahl steigt seit Jahren exponenziell, haben das Bedürfnis nach Gottesdienst bzw. Spiritualität.

Das heißt jedoch nicht, dass Gott von Jugendlichen verlangt, keinen Spaß zu haben. Es ist das Recht des Jugendlichen, in erlaubtem Rahmen Spaß zu haben. Verlangt wird lediglich, das Hauptgebet pünktlich und ordentlich zu verrichten, sich wie unter der Überschrift „Sind weltliche Angelegenheiten ein Hindernis für das Gebet?" bereits erwähnt, 1/24 des Tages dem Gottesdienst zu widmen.

Gibt es bestimmte Gebetszeiten? Wieso ist die Gebetszeit wichtig?

Die Hauptgebete sind im Islam Pflicht. Diese sind: Das Morgengebet (ar. *fadjr*, tr. *sabah namazı*), das Mittagsgebet (ar. *zuhr*, tr. *öğle namazı*), das Nachmittagsgebet (ar. *asr*, tr. *ikindi namazı*), das Abendgebet (ar. *maghrib*, tr. *akşam namazı*) und das Nachtgebet (ar. *ischaʻ*, tr. *yatsı namazı*). Jedes Hauptgebet wird zu einer bestimmten Tageszeit verrichtet. Es ist äußerst wichtig, die Gebete zu den vorgesehenen Zeiten zu verrichten. Da der Mensch im Alltag viel zu tun hat und man nie einschätzen kann, was einem im Laufe des Tages zustoßen könnte, ist es wichtig, die Gebete pünktlich zu verrichten. Das Hauptgebet, das in dem für ihn vorgesehenen Zeitraum verrichtet wird, ist vollkommen gültig. Allerdings ist in den Augen Gottes das Hauptgebet, das pünktlich verrichtet wird, vorzüglicher als das innerhalb des Zeitraums verrichtete Hauptgebet.

„(Denkt daran,) dass das Gebet (als die wichtigste Form der Andacht) für die Gläubigen zu bestimmten Zeiten vorgeschrieben ist" (4:103).

Der Gebetsruf (ar. *adhan*, tr. *ezan*)

Der Gebetsruf heißt übersetzt „Bekanntgeben und Ankündigen" und gibt das Eintreten der Gebetszeit bekannt.

In islamisch geprägten Gesellschaften ruft der Muezzin vom Minarett oder in der Moschee fünfmal täglich zum Gebet. Der Gebetsruf wird im Islam als *sunna ael-muʾek-kede* gesehen, d. h. als eine Handlung, die der Prophet Muhammed (Friede sei mit ihm) permanent vollziehen ließ. Die Muslime wurden zum ersten Mal nach der Hidschra in Medina durch den abessinischen ehemaligen Sklaven Bilal ibn-i Rabah el-Habeschi zum Morgengebet gerufen. Er gilt als der erste Gebetsrufer. Der Gebetsruf ist eine Einladung zum Hauptgebet, er ist gleichsam ein Ruf zu Gott, eine Erinnerung an Gott und Seinen Propheten als auch ein Symbol islamischer Kultur. Der Prophet Muhammed (Friede sei mit ihm) sagte hierzu: *„Alle Geschöpfe, selbst die Dschinnen, die den Gebetsrufer hören, werden sich am Tag der Auferstehung für den Gebetsrufer bereit erklären.“*

Was wird beim Gebetsruf gesagt?

«أَللهُ أَكْبَرُ » «الله اكبر»

Allah-u Ekber (2-mal)

Groß ist Gott

«أَشْهَدُ أَنْ لَا إِلَهَ إِلَّا اللهُ»

Esch hedu en la ilahe il-lallah (2-mal)

Ich bezeuge, es gibt keine Gottheit außer Gott

«أَشْهَدُ أَنَّ مُحَمَّدًا رَسُولُ الله»

Esch hedu enne Muhammeden rasul-allah (2-mal)

Ich bezeuge, dass Muhammed der Gesandte Gottes ist

«حَيَّ عَلَى الصَّلَاةِ»

Hayya 'alas-salah (2-mal)

Kommt zum Gebet

« حَيَّ عَلَى الْفَلَاحِ»

Hayya 'alel-felah (2-mal)

Kommt zur Erlösung

«اَلصَّلَاةُ خَيْرٌ مِنَ النَّوْمِ»

es-salatu khayrun min en-newm (2-mal)

Das Gebet ist besser als der Schlaf

(nur zum Morgengebet)

« اَللهُ أَكْبَرُ »

Allah-u Ekber (2-mal)

Groß ist Gott

«لَا إِلَهَ إِلَّا اللهُ»

La ilahe il-lallah (1-mal)

Es gibt keine Gottheit außer Gott

Nur beim Morgengebet wird nach dem *hayya 'alel-falah* zweimal *es-salatu khayrun min en-newm* (Das Gebet ist besser als der Schlaf) gerufen.

Das Bittgebet des Gebetsrufs

Der Prophet Muhammed (Friede sei mit ihm) empfahl, dem Gebetsruf ganz zuzuhören und leise Bittgebete aufzusagen. „*Wenn ihr den Gebetsruf hört, wiederholt die Worte leise mit dem Gebetsrufer. Aber wenn ‚hayya ‘alas-salāh und ‚Hayya ‘alel-felāh gerufen werden, dann sagt jeweils: ‚lā hawle we lā quwwete illā bi-llāh.‘ Nachdem der Gebetsruf zu Ende ist, rezitiert das folgende Bittgebet: ‚O Gott, Herr dieses vollkommenen Glaubens und des immerwährenden Gebets, gib Muhammed die Rangstellung* (ar. wasīle, tr. vesile) *im Paradies und die Begünstigung und erwecke ihn (am Tag des Jüngsten Gerichts) zu einer ruhmvollen Stellung, die Du ihm zugesprochen hast.‘* [Auf Arabisch: *Allāhumme Rabbe hādhihi d-da‘wati t-tāmme wa –s-salāti ’l qā’ime, āti Muḥammeden-il-wasilete wa ’l faḍīlete, wa ’b‘ath hu maqāmen maḥmūdani ’lledhi wa ‘adteh.*] *Wer dies nach jedem Gebetsruf ausspricht, wird am Jüngsten Tag meine Fürbitte haben.*“

Respekt gegenüber dem Gebetsruf

Es ist äußerst wichtig, dem Gebetsruf zuzuhören und Respekt zu zeigen. Das gilt auch für andere gottesdienstliche Handlungen. Das heißt jedoch nicht, dass nebenbei nichts anderes gemacht werden darf. Alle weltlichen Angelegenheiten, die nicht zu einem übermäßigen Handeln führen oder die als respektlos aufgefasst werden könnten, sind währenddessen erlaubt. Wichtig hierbei ist die Absicht des Menschen; sobald diese stimmt, ist alles in Ordnung. Doch am besten ist es, weltliche Angelegenheiten beiseite zu lassen und sich ganz dem Gebetsruf zu widmen, um klar und deutlich seinen Respekt zu bekunden.

Der Gebetsaufruf (ar. *iqāmah*, tr. *kamet*)

Der Begriff *iqamah* ist im Arabischen im Gegensatz zum deutschen Begriff „Gebetsaufruf" mehr in der Alltagssprache in Gebrauch. *Iqāmah* bedeutet „aufstellen" und „verrichten". Der Gebetsruf zielt darauf ab, im gesamten Umkreis der Moschee wahrgenommen zu werden, während *iqāmah* nur die Anwesenden in der Moschee anspricht. Dementsprechend ist er leise und schnell zu verkünden.

Iqāmah ist dem Gebetsruf ähnlich, nur folgt nach *hayya ʿalel-felāh* zusätzlich noch zweimal *qad qāmetissalah* (Das Gebet beginnt).

Die Kernaufgaben des Hauptgebets

Wie viele Kernaufgaben gibt es für das Hauptgebet?

Es gibt zwölf Hauptvoraussetzungen des Hauptgebets. Sechs davon sind vor dem Hauptgebet zu erfüllen und sechs weitere während des Hauptgebets. Diese zwölf Hauptvoraussetzungen müssen eingehalten werden, damit das Hauptgebet als gültig eingestuft wird.

Die Hauptvoraussetzungen vor dem Gebetsbeginn

1. Die Reinigung von immateriellem Schmutz (tr. *hadesten taharet*)

2. Die Reinigung von materiellem Schmutz (tr. *necasetten taharet*)

3. Die Bedeckung bestimmter Körperteile (tr. *setr-i avret*)

4. Die Hinwendung zur Qibla bzw. Kaaba (tr. *istikbāl-i kible*)

5. Das Einhalten der Gebetszeit (*tr. vakit*)

6. Die Absicht (*tr. niyet*)

1. Der Betende hat sich von immateriellem Schmutz *(hadeth)* zu reinigen, wie bereits erwähnt, durch die Gebetswaschung, die Ganzkörperwaschung und das *teyemmum*.

2. Der Betende hat sich von materiellem Schmutz *(Ar. nedjāse)* zu reinigen. Unreinheiten an der Kleidung des Betenden, am Gebetsort und am Körper sind zu entfernen. Es wird geraten, immer einen Gebetsteppich zu benutzen, um damit sicherzustellen, dass der Ort, an dem man beten möchte, sauber ist.

3. Der Betende hat bestimmte Körperteile zu bedecken. Für das Gebet sind Kleidungsvorschriften zu beachten. Der Betende kann zwar Alltagskleidung tragen, sollte aber auf die Bedeckung der Geschlechtsorgane und auf die Verhüllung der Körperformen achten. Die zu bedeckenden Körperteile werden im Islam *awrah* genannt. Bei Männern ist dies der Bereich vom Bauchnabel bis zum Knie und bei Frauen der ganze Körper mit Ausnahme des Gesichts, der Hände und der Füße.

4. Der Betende hat sich mit dem ganzen Körper in Richtung Kaaba zu wenden. *„Und wo immer ihr auch seid, wendet eure Gesichter in ihre Richtung"* (2:144, 150). Diese Richtung wird qibla genannt. Aufgrund der weiten Ent-

fernung ist die Richtung mit einem Kompass zu bestimmen, den man heutzutage als App herunterladen kann. Falls es unmöglich ist, die Richtung hundertprozentig zu bestimmen, genügt es, wenn man sie ungefähr einschätzt. Wenn einem die Gebetsrichtung unbekannt ist, sollte man nachfragen. Wenn man sie trotzdem nicht genau bestimmen kann, kann die Gebetsrichtung eingeschätzt werden. Wenn im Nachhinein die Gebetsrichtung bekannt wird und man feststellt, dass man in eine falsche Richtung gebetet hat, ist das Gebet nicht nachzuholen. Wenn während des Gebets jemand von außen auf die Gebetsrichtung aufmerksam macht, kann im Gebet die Richtung geändert werden. Wenn jedoch, ohne nachzuforschen, in eine beliebige Richtung gebetet wurde, und diese sich im Nachhinein als falsch erweist, ist dieses Gebet nachzuholen.

5. Der Betende hat feste Zeiten einzuhalten. Das Vorziehen oder Verschieben des Hauptgebets ist im Prinzip nicht erlaubt.

6. Der Betende hat eine Absicht zu fassen. Es gehört zu den Pflichten, sich vor dem Gebet zu entschließen, das Gebet für das Wohlgefallen Gottes zu verrichten. Empfehlenswert ist es, den Namen des Gebets und die Gebetseinheit (ar. *rak'a*, tr. *rekat*) leise auszusprechen oder in Gedanken mitzugehen. Die Gebetsabsicht kann in der Muttersprache gefasst werden. Hier ein Beispiel zum Nachtgebet: „Ich beabsichtige, um das Wohlgefallen Gottes zu erlangen, das Nachtgebet mit vier Einheiten (*rak'a*) zu verrichten." Es ist aber nicht unbedingt erforderlich, die Zahl der Gebets-

einheiten zu erwähnen. Durch das laute Aufsagen hat der gläubige Mensch die Möglichkeit, sich selbst noch einmal vor Augen zu führen, was ansteht, und sich zu konzentrieren. Wenn man in einem Gemeinschaftsgebet betet, ist zusätzlich noch die Absicht „Ich folge dem Imam" zu fassen.

Die Hauptvoraussetzungen während des Gebets

1. Das Eröffnungs-*Tekbir* (ar. *tahrim*, tr. *iftitah tekbiri*)

2. Die Koranrezitation (ar. *qirāʾa*, tr. *kiraat*)

3. Die Vorbeugung (ar. *rukūʿ*, tr. *rükû*)

4. Kapitel

4. Die Aufrichtung (ar. *qiyam*, tr. *kiyam*)

5. Die Niederwerfung (ar. *sudjūd*, tr. *secde*)

6. Das abschließende Sitzen (ar. *teschehhud*, tr. *ka´ide-i âhire*)

1. Mit dem Eröffnungs-*Tekbir* „Allah-u ekbar" beginnt das Gebet. Vor dem Gebet ist die Absicht zu fassen. Zwischen der Absicht und dem Eröffnungs-*Tekbir* darf nicht gegessen, getrunken und gesprochen werden. Des Weiteren ist das Eröffnungs-*Tekbir* im Stehen zu sprechen und nicht auf dem Weg zum Gebet. Beide Hände werden hier nach vorne schauend gehoben – Männer heben beide Hände bis zu den Ohren, Frauen bis auf Höhe der Brust.

2. Die Aufrichtung im Gebet ist, sofern keine körperliche Beeinträchtigung vorhanden, vorgeschrieben. Wenn man im Stehen beginnt und keine Kraft mehr hat, darf man im Sitzen weiterbeten. Die Hände werden bei den Männern zwischen Brust und Nabel verschränkt und bei den Frauen auf der Brust, wobei bei beiden die rechte Hand über die linke gelegt wird.

3. Außerdem wird in der Aufrichtung aus dem Koran rezitiert. In jeder Gebetseinheit ist aus dem Koran zu rezitieren, jedoch nur so viel, dass es dem Menschen leichtfällt. Allerdings sind mindestens drei kurze Koranverse oder ein gleich langer Vers zu rezitieren. Weniger als drei kurze Koranverse machen das Gebet ungültig. In den Gemeinschaftsgebeten übernimmt der Imam diese Aufgabe. Die Rezitation sollte langsam und deutlich sein.

4. Die Männer beugen sich waagrecht nach vorne, sodass sie im 90°-Winkel stehen und die Finger gespreizt beide Kniekehlen umfassen. Der Körper und der Kopf sind hierbei geradezuhalten. Frauen beugen sich nur leicht vor. Die Hände sind dabei auf den Knien zu halten.

5. Bei der Niederwerfung ist darauf zu achten, dass alle sieben Gliedmaßen den Boden gleichzeitig berühren und in die Gebetsrichtung zeigen. Diese Gliedmaßen sind die Stirn, die Nase, beide Handflächen, beide Knie und die Fußzehenspitzen. Zu beachten ist, dass die Ellbogen den Boden nicht berühren dürfen. Die Frauen positionieren sich im Vergleich zu Männern ein wenig anders. Das heißt, dass die Stirn und die Hände dicht beieinander und nah an den Knien sind. Es ist vorgeschrieben, sich bei jeder Gebetseinheit zweimal niederzuwerfen. Wenn die Stirn den Boden nicht berührt, ist das Gebet ungültig. Sollte nur die Nase den Boden nicht berühren, ist das Gebet zwar gültig, wird aber als verwerflich *(mekruh)* angesehen. Die Niederwerfung ist die wichtigste Haltung im Gebet. Der Prophet Muhammed (Friede sei mit ihm) sagte in einem Hadith hierzu: *„Der Betende ist während der Niederwerfung Gott am nächsten."*

6. Das abschließende Sitzen ist die letzte Haltung. Es ist Pflicht, so lange zu sitzen, bis man das *Tahiyya*-Bittgebet vollständig aufgesagt hat. Männer sitzen hier auf den linken Fuß gestützt auf den Knien, wobei der rechte Fuß aufrecht auf Zehenspitzen steht; diese Haltung ist die Sunna des Propheten. Frauen sitzen ebenfalls auf den Knien, sich jedoch leicht auf die Seite stützend.

Die Soll-Aufgaben *(wadjib)* des Gebets

Das versehentliche Nichtausführen der Soll-Aufgaben im Gebet ist mit einer Fahrlässigkeitsniederwerfung (tr. *sehiv secdesi*) auszugleichen. Das bedeutet, dass das absichtliche Nichtausführen der Soll-Aufgaben das Hauptgebet zwar nicht ungültig macht, dies jedoch ein *mekruh tahrimen* darstellt. In diesem Fall ist das Nachholen dieses Gebets eine Soll-Aufgabe. Die Soll-Aufgaben umfassen folgende zehn Punkte:

1. Das Eröffnungs-*Tekbir* ist eine der Hauptbedingungen, wobei die Soll-Aufgabe der Eröffnung allein mit „Allah" nicht ausreicht, die Formel „Allah-u ekbar" muss ausgesprochen werden.

2. Das Rezitieren der Sure El-Fatiha in jeder Gebetseinheit.

3. Das Rezitieren einer beliebigen Sure oder von mindestens drei Versen nach der Sure El-Fatiha.

4. Das Berühren des Bodens bei der Niederwerfung mit der Nase, wobei das Berühren der Stirn eine Hauptbedingung darstellt.

5. Das erste Sitzen *(teschehhud)* bei Gebeten mit drei oder vier Gebetseinheiten. Man bleibt so lange sitzen, bis ein *Tahiyya*-Bittgebet gesprochen ist. Das abschließende Sitzen wiederum stellt eine Hauptbedingung dar.

6. Das Sprechen des *Tahiyya*-Bittgebets beim ersten und abschließenden Sitzen.

7. Das Lesen der *Qunut*-Bittgebete beim *Witr*-Gebet.

8. Das Gebet langsam verrichten und klar und deutlich rezitieren (tr. *tadil-i erkan*). Das bedeutet: Um den Bedingungen des Hauptgebets gerecht zu werden, ist jede Bewegung, sei es Aufrichtung, Vorbeugung oder Niederwerfung, so lange durchzuführen, bis die Körpergelenke ihre Ruhe finden. Beispielsweise ist zwischen der Vorbeugung und der Aufrichtung die Bewegung so lange aufrechtzuerhalten, bis mindestens einmal *subhān Allāh* gesagt werden kann. Ebenso ist bei der Koranrezitation darauf zu achten, die Rezitation so auszusprechen, dass diese beim Zuhören von einer dritten Person klar und deutlich vernommen werden kann. Selbst wenn leise rezitiert wird, sollte die Aussprache für sich selbst klar und deutlich verständlich sein. In diesem Sinne sollte pro Einheit mindestens 1 Minute eingeplant werden. Die Gültigkeit der Gebetseinheiten von weniger als 1 Minute ist fraglich.

9. Am Ende des Gebets den Abschlussgruß (ar. *teslim*, tr. *selam vermek*) aussprechen.

10. Die Durchführung der Fahrlässigkeitsniederwerfung, wenn während des Gebets ein Fehler unterlaufen ist.

Die Fahrlässigkeitsniederwerfung

Die Fahrlässigkeitsniederwerfung korrigiert einen verursachten Fehler im Gebet und vervollständigt es. Wenn jedoch die Hauptvoraussetzungen des Gebets verzögert werden oder eine der Soll-Aufgaben vergessen, vernachlässigt oder vorgezogen bzw. nachgeholt wurde, ist die Fahrlässigkeitsniederwerfung durchzuführen. Nach so einem Fehler hat der Betende nach dem abschließenden Sitzen den Abschlussgruß *(teslim)* nach rechts und links zu sagen und anschließend zwei Fahrlässigkeitsniederwerfungen durchzuführen. Danach ist das abschließende Sitzen zu wiederholen. In einem Gemeinschaftsgebet jedoch sagt der Imam den Abschlussgruß *(teslim)* lediglich nach rechts. Die Fahrlässigkeitsniederwerfung gehört zu den Soll-Aufgaben des Gebets, d. h., wenn man sie vergisst, ist das Gebet zwar nicht ungültig, aber verwerflich.

Ein Hadith lautet: *„Wenn einer von euch über sein Gebet im Zweifel ist, soll er sich der Richtigkeit vergewissern: Er soll das Gebet mit der im Zweifel fehlenden Einheit (rakʿa) beenden, den teslim sprechen und anschließend zwei Fahrlässigkeitsniederwerfungen durchführen."*

Diese Rituale und Korrekturen haben eine konkrete Funktion, die von dem Propheten und auch von den Gelehrten ausgehen. Sie dienen dazu, den Menschen wieder die Gelegenheit zu geben, sich ganz dem Gottesdienst zu widmen. Es kann vorkommen, dass der Mensch mal nicht konzentriert bzw. nicht im Bewusstsein des Gebets ist. So bietet sich mit dieser Niederwerfung die Gelegenheit, sich wieder ganz dem Gebet zu widmen. Es geht schlussendlich darum, den Gottesdienst ernst zu nehmen, indem dieser lückenlos durchgeführt wird.

Die Sunna des Gebets

Wie bei jedem Gottesdienst gibt es auch in Verbindung mit dem Gebet die Sunna. Die Durchführung der Sunna ist ein Zeichen des Respekts und der Liebe gegenüber dem Propheten Muhammed. Das Unterlassen der Sunna macht das Gebet zwar nicht ungültig, doch diese aus Bequemlichkeit zu unterlassen, sollte als Geringschätzung betrachtet werden.

Die Sunna des Gebets ist:

1. Der Gebetsruf und der Gebetsaufruf (ar. *iqāme*, tr. *kamet*) für das Hauptgebet und für das Freitagsgebet

2. Zu Beginn des Gebets sind die Hände bei den Männern bis zum Ohr anzuheben und bei den Frauen bis auf Höhe der Brust, wobei die Handflächen nach außen zeigen

3. Beim aufrechten Stehen (tr. *kiyam*) werden die Hände bei den Männern zwischen Brust und Nabel verschränkt und bei den Frauen auf der Brust. Bei beiden ist die rechte Hand über die linke Hand zu legen

4. Das Sprechen des *Subhaneke*-Bittgebets und das Aufsagen der *Eudhu-Besmele (eʿūḏu bi-llāhi min esch-scheytān ir-radjīm, bismi -llāhi r-Raḥmāni r-Raḥīm)* vor der Sure El-Fatiha

5. „Āmin" sagen, nachdem die Sure El-Fatiha rezitiert worden ist

6. Beim Vorbeugen den Übergangs-*Tekbir* aussprechen

7. Während der Vorbeugung 3-mal *subḥāne rabbiy el-ʿazīm* (Gepriesen sei mein Herr, der Allgrößte) sagen

8. Während der Niederwerfung 3-mal *subḥāne rabbiyel aʿlā* (Gepriesen sei mein Herr, der Allhöchste) sagen

9. Beim Aufrichten nach der Vorbeugung *semi ʿallāhu limen ḥamideh, rabbenā lekel ḥamd* (Gott hört den, der Ihn preist, unser Herr, Dir gebührt alles Lob) sagen

10. Beim Vorbeugen sind die Hände bei den Männern auf den Knien zu spreizen. Die Frauen legen nur ihre Hände auf die Knie

11. Beim Vorbeugen halten Männer die Knie und den Rücken gerade, Frauen sollten sich nur leicht beugen

12. Bei der Niederwerfung haben erst die Knie, dann die Hände und anschließend das Gesicht den Boden zu berühren. Beim Aufstehen ist genau die entgegengesetzte Reihenfolge einzuhalten

13. Vor und nach der Niederwerfung ist das Übergangs-*Tekbir* auszusprechen

14. Das Sitzen zwischen den beiden Niederwerfungen

15. Beim abschließenden Sitzen haben Männer auf den Knien zu sitzen, wobei der rechte Fuß aufrecht auf Zehenspitzen steht. Frauen sitzen ebenfalls auf den Knien, jedoch leicht auf die Seite gestützt

16. Beim abschließenden Sitzen nach dem *Tahiyya*-Bittgebet auch die *Salli-Barik*-Bittgebete sprechen

17. Beim Abschlussgruß (ar. *teslim*, tr. *selam vermek*) den Kopf zuerst nach rechts und dann nach links drehen. Damit wird zum einen die mitbetende Gemeinschaft gegrüßt, zum anderen werden die ehrenhaften Protokollanten (Die *Kiramen-Katibin*-Engel), die sowohl gute, als auch üble Taten der Menschen niederschreiben, gewürdigt

18. Wenn man im *teschehhud* beim *Tahiyyat*-Bittgebet zum Glaubensbekenntnis kommt, den Zeigefinger der rechten Hand nach oben strecken

Was macht das Gebet ungültig?

1. Die Hauptvoraussetzungen (ar. *farḍ*, tr. *farz*) des Gebets bewusst weglassen

2. Während des Gebets sprechen

3. Während des Gebets essen (auch Kaugummi kauen)

4. Während des Gebets laut lachen

5. Bei der Niederwerfung beide Füße hochheben

6. Die Brust von der Gebetsrichtung abwenden

7. Handlungen, die nicht zum Gebet gehören, durchführen (bspw. Socken anziehen, Handy auf Stumm stellen etc.)

8. Während des Gebets jemanden grüßen oder einen Gruß erwidern

9. Über weltliche Angelegenheiten weinen. Das Weinen für Gott oder aufgrund von Sünden macht das Gebet jedoch nicht ungültig

10. Ohnmächtig werden

11. Die Gebetswaschung brechen (bspw. durch Blähungen oder Blut)

12. Aus dem Koran falsch rezitieren, sodass sich der Sinn des Verses ändert

13. Sich 3-mal hintereinander in einer Gebetseinheit kratzen

14. Wenn während des Gebets die Sonne aufgeht (nach hanefitischer Lehrmeinung)

4. Kapitel

Das tägliche Hauptgebet

Das Morgengebet (ar. *fadjr*, tr. *sabah namazı*)

Das Morgengebet besteht aus vier Gebetseinheiten: zwei Einheiten der Sunna und zwei *Farḍ*-Einheiten (tr. *farz*). Die Sunna-Einheiten werden vor den *Farḍ*-Einheiten verrichtet. Der Prophet Muhammed (Friede sei mit ihm) legte auf die Sunna-Einheiten so viel Wert, dass er auch diese nachholte.

Abschnitte des Gebets	Zahl der Einheiten	**Das Morgengebet** 2 Sunna-Einheiten, 2 Farḍ-Einheiten			
Sunna	1	Subhaneke-Bittgebet E'ūdhu-Besmele Sure Fatiha Mind. drei Verse oder ein gleich langer Vers aus dem Koran	Fard	1	Subhaneke-Bittgebet E'ūdhu-Besmele Sure Fatiha Mind. drei Verse oder ein gleich langer Vers aus dem Koran
	2	Besmele Sure Fatiha Mind. drei Verse oder ein gleich langer Vers aus dem Koran		2	Besmele Sure Fatiha Mind. drei Verse oder ein gleich langer Vers aus dem Koran
Beim abschließenden Sitzen: *Tahiyyat*-Bittgebet, *Salli-Barik*-Bittgebet, *Rabbena-ātina* und *Rabbenaghfirlī*-Bittgebete					

Das Mittagsgebet (ar. *zuhr*, tr. *öğle namazı*)

Das Mittagsgebet besteht aus zehn Gebetseinheiten. Erst werden die vier Sunna-Einheiten verrichtet, dann die vier *Farḍ*-Einheiten und anschließend nochmal zwei Sunna-Einheiten. Die ersten vier Sunna-Einheiten sind die unregelmäßige Sunna (*sunna ghayr muʾekkede*), wohingegen die zwei Sunna-Einheiten die permanente Sunna *(sunna muʾekkede)* darstellen.

Abschnitte des Gebets	Zahl der Einheiten	**Das Mittagsgebet** 4 Sunna-Einheiten, 4 Fard-Einheiten, 2 Sunna-Einheiten						
Sunna	1	*Subhaneke*-Bittgebet E'üdhu-Besmele Sure Fatiha Mind. drei Verse oder ein gleich langer Vers aus dem Koran	Fard	1	*Subhaneke*-Bittgebet E'üdhu-Besmele Sure Fatiha Mind. drei Verse oder ein gleich langer Vers aus dem Koran	Sunna	1	*Subhaneke*-Bittgebet E'üdhu-Besmele Sure Fatiha Mind. drei Verse oder ein gleich langer Vers aus dem Koran
	2	Besmele Sure Fatiha Mind. drei Verse oder ein gleich langer Vers aus dem Koran -------------------- ***Tahiyyat*-Bittgebet**		2	Besmele Sure Fatiha Mind. drei Verse oder ein gleich langer Vers aus dem Koran -------------------- ***Tahiyyat*-Bittgebet**		2	Besmele Sure Fatiha Mind. drei Verse oder ein gleich langer Vers aus dem Koran
	3	Besmele Sure Fatiha Mind. drei Verse oder ein gleich langer Vers aus dem Koran		3	Besmele Sure Fatiha			
	4	Besmele Sure Fatiha Mind. drei Verse oder ein gleich langer Vers aus dem Koran		4	Besmele Sure Fatiha			
Beim abschließenden Sitzen: *Tahiyyat*-Bittgebet, *Salli-Barik*-Bittgebet, *Rabbena-ātina* und *Rabbenaghfirlī*-Bittgebete								

106

Das Nachmittagsgebet (ar. ʿasr, tr. *ikindi namazı*)

Das Nachmittagsgebet besteht aus acht Gebetseinheiten. Vier Sunna-Einheiten und vier *Farḍ*-Einheiten. Erst werden die vier Sunna-Einheiten verrichtet. Innerhalb der 45 Minuten vor Sonnenuntergang (tr. *kerahet vakti*) sollte man nur die vier *Farḍ*-Einheiten verrichten.

Abschnitte des Gebets	Zahl der Einheiten	**Das Nachmittagsgebet** 4 Sunna-Einheiten, 4 Fard-Einheiten			
Sunna	1	*Subhaneke*-Bittgebet *Eʿūdhu*-Besmele Sure Fatiha Mind. drei Verse oder ein gleich langer Vers aus dem Koran	Fard	1	*Subhaneke*-Bittgebet *Eʿūdhu*-Besmele Sure Fatiha Mind. drei Verse oder ein gleich langer Vers aus dem Koran
	2	Besmele Sure Fatiha Mind. drei Verse oder ein gleich langer Vers aus dem Koran -------------------- ***Tahiyyat*-Bittgebet** ***Salli-Barik*-Bittgebet**		2	Besmele Sure Fatiha Mind. drei Verse oder ein gleich langer Vers aus dem Koran -------------------- *Tahiyyat*-Bittgebet
	3	*Subhaneke*-Bittgebet *Eʿūdhu*-Besmele Sure Fatiha Mind. drei Verse oder ein gleich langer Vers aus dem Koran		3	Besmele Sure Fatiha
	4	Besmele Sure Fatiha Mind. drei Verse oder ein gleich langer Vers aus dem Koran		4	Besmele Sure Fatiha
Beim abschließenden Sitzen: *Tahiyyat*-Bittgebet, *Salli-Barik*-Bittgebet, *Rabbena-ātina* und *Rabbenaghfirlī*-Bittgebete					

Das Abendgebet (ar. *maghrib*, tr. *akşam namazı*)

Das Abendgebet besteht aus fünf Gebetseinheiten. Der Pflichtteil besteht aus drei Einheiten und wird zuerst verrichtet und dann die Sunna aus zwei Einheiten.

Abschnitte des Gebets	Zahl der Einheiten	**Das Abendgebet** 3 Fard-Einheiten, 2 Sunna-Einheiten		
Fard	1	*Subhaneke*-Bittgebet *E'ūdhu*-Besmele Sure Fatiha Mind. drei Verse oder ein gleich langer Vers aus dem Koran	1	*Subhaneke*-Bittgebet *E'ūdhu*-Besmele Sure Fatiha Mind. drei Verse oder ein gleich langer Vers aus dem Koran
	2	Besmele Sure Fatiha Mind. drei Verse oder ein gleich langer Vers aus dem Koran -------------------- *Tahiyyat*-**Bittgebet**	**Sunna**	
	3	Besmele Sure Fatiha	2	Besmele Sure Fatiha Mind. drei Verse oder ein gleich langer Vers aus dem Koran
Beim abschließenden Sitzen: *Tahiyyat*-Bittgebet, *Salli-Barik*-Bittgebet, *Rabbena-ātina* und *Rabbenaghfirlī*-Bittgebete				

Das Nachtgebet (ar. ʿischaʿ, tr. *yatsı namazı*)

Das Nachtgebet besteht aus dreizehn Einheiten. Sechs Sunna-Einheiten, vier *Farḍ*-Einheiten und drei Soll-Einheiten. Die Reihenfolge des Nachtgebets: Zuerst werden die vier Sunna-Einheiten gebetet, dann die vier *Farḍ*-Einheiten, danach die zwei Sunna-Einheiten und abschließend das *Witr*-Gebet mit drei Einheiten, die als Soll-Gebete gelten.

Abschnitte des Gebets	Zahl der Einheiten	**Das Nachtgebet** 4 Sunna-Einheiten, 4 Fard-Einheiten, 2 Sunna-Einheiten								
Sunna	1	*Subhaneke*-Bittgebet *Eʾūdhu*-Besmele Sure Fatiha Mind. drei Verse oder ein gleich langer Vers aus dem Koran		1	*Subhaneke*-Bittgebet *Eʾūdhu*-Besmele Sure Fatiha Mind. drei Verse oder ein gleich langer Vers aus dem Koran	**Fard**	1	*Subhaneke*-Bittgebet *Eʾūdhu*-Besmele Sure Fatiha Mind. drei Verse oder ein gleich langer Vers aus dem Koran	**Sunna**	1	*Subhaneke*-Bittgebet *Eʾūdhu*-Besmele Sure Fatiha Mind. drei Verse oder ein gleich langer Vers aus dem Koran
	2	Besmele Sure Fatiha Mind. drei Verse oder ein gleich langer Vers aus dem Koran -------------------- *Tahiyyat*-Bittgebet *Salli-Barik*-Bittgebet		2	Besmele Sure Fatiha Mind. drei Verse oder ein gleich langer Vers aus dem Koran -------------------- *Tahiyyat*-Bittgebet					
	3	*Subhaneke*-Bittgebet *Eʾūdhu*-Besmele Sure Fatiha Mind. drei Verse oder ein gleich langer Vers aus dem Koran		3	Besmele Sure Fatiha					2	Besmele Sure Fatiha Mind. drei Verse oder ein gleich langer Vers aus dem Koran
	4	Besmele Sure Fatiha Mind. drei Verse oder ein gleich langer Vers aus dem Koran		4	Besmele Sure Fatiha					

Beim abschließenden Sitzen: *Tahiyyat*-Bittgebet, *Salli-Barik*-Bittgebet, *Rabbena-atina* und *Rabbenaghfirli*-Bittgebete

Abschnitte des Gebets	Das Witr-Gebet 3 Wadjib-Einheiten (Soll-Einheiten)		
Zahl der Einheiten	**1**	**2**	**3**
Witr	Subhaneke-Bittgebet E'üdhu-Besmele Sure Fatiha Mind. drei Verse oder ein gleich langer Vers aus dem Koran	Besmele Sure Fatiha Mind. drei Verse oder ein gleich langer Vers aus dem Koran -------------------- *Tahiyyat*-**Bittgebet**	Besmele Sure Fatiha Mind. drei Verse oder ein gleich langer Vers aus dem Koran -------------------- *Qunut*-**Bittgebet**
Beim abschließenden Sitzen: *Tahiyyat*-Bittgebet, *Salli-Barik*-Bittgebet, *Rabbena-ätina* und *Rabbenaghfirli*-Bittgebete			

Die Koranrezitation als Hauptvoraussetzung des Gebets

Der Koran

Für Muslime ist der Koran das wunderbare Wort Gottes, das dem Propheten Muhammed (Friede und Segen auf ihm) offenbart, niedergeschrieben und über zahllose verlässliche Kanäle an die nachfolgenden Generationen weitergegeben wurde. Seine Rezitation ist ein Akt der Anbetung, der in den täglichen Gebeten verpflichtenden Charakter besitzt. Die Muslime sehen im Koran ein heiliges Buch, das an erster Stelle der Findung der religiösen Wahrheit dient und hierbei vier Zwecke verfolgt:

1. Beweisführung, Darstellung und Verinnerlichung der Existenz und Einheit Gottes

2. Verfestigung der Bedeutsamkeit bzw. Notwendigkeit der Gesandtschaft der Propheten (als Vermittler zwischen Gott und Schöpfung)

3. Beweisführung, Aufklärung und Überzeugung über das Leben nach dem Tod und die Verantwortung im Dies- und Jenseits

4. Verkündung des Ziels und Zwecks bzw. der Art und Weise des Gottesdienstes und die Ausgeglichenheit von Gerechtigkeit und Freiheit

Der Koran ist also für Muslime weder eine auf eine bestimmte Zeit noch auf ein bestimmtes Volk beschränke Botschaft, sondern vielmehr ein universeller Wegweiser. Er wird nicht nur als eine Quelle für Jenseits- bzw. Diesseitsorientierung verwendet, sondern auch als Buch für Kosmologie, Epistemologie, Ontologie, als Gesetzeswerk sowie als Heilquelle für psychische Krankheiten und ganz besonders als Quelle für soziale, zwischenmenschliche und friedensfördernde Beziehungen.[6]

Die Verehrung des Korans gilt nicht nur dem Koran als Buch zwischen zwei Deckeln, sondern auch dem Inhalt, der dem Menschen gesandt wurde und als Gottes Wunder beschrieben wird, welches durch Menschen nicht zu imitieren ist. Diese Eigenschaft des Korans in der Literatur wird als *Unnachahmbarkeit des Korans (el-iʿdjāz)* bezeichnet.

Muslime bezeugen in vollkommener Weise ihren Respekt gegenüber dem Koran, indem er nicht wie ein anderes Buch behandelt, nicht unter ein beliebiges Buch gelegt, vor dem Anfassen die rituelle Reinigung durchgeführt, beim Öffnen und zu Beginn des Lesens eine Gebetsformel gesprochen und der Einband als Zeichen der Verehrung geküsst wird. Aufgrund der in ihr enthaltenen Gottesof-

---

6   Vgl. Kermani 1999, S. 9 ff.

fenbarung gilt dieser Respekt auch für die Bibel. Friedrich Rückert bringt diesen Respekt in seiner Koranübersetzung wie folgt zum Ausdruck:

„Dies ist ein werther Koran,

in dem verwahrten Buche,

berührt nur von Reinen,

Eröffnung von dem Herrn der Welten.

Wollt ihr verschlagen diese Kunde?"

(Der Koran, El-Wāqiʿa, 56:78–81)

Jeder sieht im Koran das, was ihm fehlt, was er nötig hat und wovon er in seiner gelebten Welt geprägt ist.

Was ist der Koran für die Muslime?

Meister Said Nursi, ein bedeutender fortschrittlicher Denker des 20. Jahrhunderts, sieht im Koran Stimme und Atem der „Gesetze der Schöpfung", einen wahren „Deuter der Dinge und Geschehnisse, die so unendlich viele Bedeutungen tragen" oder einen unvoreingenommenen „Deuter dieser Welt und der Welt des Jenseits" und einen „Enthüller des Schatzes jener Namen Gottes, welche sich in den Himmeln und auf Erden verbergen." Der Koran ist eine anfangslose und ewigwährende Übersetzung des großen Buches des Universums und der endlose Übersetzer der verschiedenen „Sprachen", in denen die schöpferischen Gesetze Gottes und des Universums „niedergeschrieben" wurden. Er ist der Interpret des Buches der sichtbaren materiellen Welt und der unsichtbaren Welt des Verborgenen.[7] Es ist von großer Bedeutung, einige Suren im Koran auswendig zu kennen, damit diese im Hauptgebet rezitiert werden können.

Kurze Suren und Bittgebete für das Gebet

Ed-Ḍuḥā – Der Tag, der steigt

بِسْــــــــــمِ اللهِ الرَّحْمٰنِ الرَّحِيمِ

وَالضُّحٰىٰ ۚ ۝ وَالَّيْلِ اِذَا سَجٰىٰ ۚ ۝ مَا وَدَّعَكَ رَبُّكَ وَمَا قَلٰىٰ ۚ ۝

وَلَلْاٰخِرَةُ خَيْرٌ لَكَ مِنَ الْاُولٰىٰ ۚ ۝ وَلَسَــوْفَ يُعْطِيكَ رَبُّكَ

فَتَرْضٰـىٰ ۚ ۝ اَلَـمْ يَجِـدْكَ يَتِيمًا فَـاٰوٰىٰ ۝ وَوَجَـدَكَ ضَّالًّا

فَهَـدٰىٰ ۝ وَوَجَـدَكَ عَائِلًا فَاَغْنٰىٰ ۚ ۝ فَاَمَّا الْيَتِيمَ فَلَا تَقْهَرْ ۝

وَاَمَّـا السَّــائِلَ فَـلَا تَنْهَـرْ ۚ ۝ وَاَمَّـا بِنِعْمَـةِ رَبِّكَ فَحَـدِّثْ ۝

1. Beim Tag, der steigt! – 2. Und bei der Nacht, die schweigt! - 3. Verlassen hat dich nicht dein Herr noch dir sich abgeneigt. - 4. Das dort ist besser, als was hier sich zeigt. - 5. Er gibt dir noch, was dir zu deiner Lust gereicht. - 6. Fand er dich nicht als Waisen und ernährte dich? - 7. Als Irrenden und führte dich? - 8. Als Dürftigen und mehrte dich? - 9. Darum den Waisen plage nicht, - 10. Dem Bittenden versage nicht, - 11. Und deines Herrn Huld vermelde!

---

[7] Vgl. Bediuzzaman Said Nursi, *Die Worte*, 25. Wort.

El-ʿAsr — (Nachmittagsgebet)

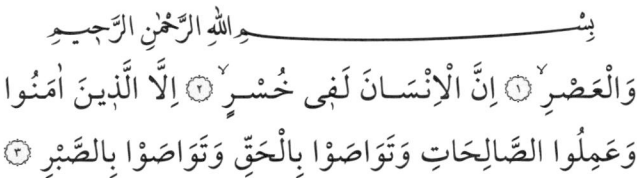

بِسْمِ اللهِ الرَّحْمٰنِ الرَّحِيمِ

وَالْعَصْرِ ۞ اِنَّ الْاِنْسَانَ لَفِى خُسْرٍ ۞ اِلَّا الَّذِينَ اٰمَنُوا

وَعَمِلُوا الصَّالِحَاتِ وَتَوَاصَوْا بِالْحَقِّ وَتَوَاصَوْا بِالصَّبْرِ ۞

1. Beim Nachmittagsgebet! - 2. Des Menschen Fleiß missrät, - 3. Nur dessen nicht, der glaubet und das Gute tut, Der zur Geduld rät und zur Wahrheit rät.

El-Fīl — (Der Elefant)

بِسْمِ اللهِ الرَّحْمٰنِ الرَّحِيمِ

اَلَمْ تَـرَ كَيْفَ فَعَلَ رَبُّكَ بِاَصْحَابِ الْفِيلِ ۞ اَلَمْ يَجْعَلْ

كَيْدَهُمْ فِى تَضْلِيلٍ ۞ وَاَرْسَلَ عَلَيْهِمْ طَيْرًا اَبَابِيلَ ۞ تَرْمِيهِمْ

بِحِجَارَةٍ مِنْ سِجِّيلٍ ۞ فَجَعَلَهُمْ كَعَصْفٍ مَأْكُولٍ ۞

1. Sahst du nicht, was dein Herr tat an den Herrn der Elefanten? - 2. Macht' er nicht ihre List zu Schanden, - 3. Da er auf sie ein Heer von Vögel sandte, - 4. Das sie mit Steinen warf, gebrannten; - 5. So macht' er sie gleich abgefressenen Saaten.

Kuraisch

بِسْمِ اللهِ الرَّحْمٰنِ الرَّحِيمِ

لِإِيلَافِ قُرَيْشٍ ۝ إِيلَافِهِمْ رِحْلَةَ الشِّتَاءِ وَالصَّيْفِ ۝ فَلْيَعْبُدُوا رَبَّ هٰذَا الْبَيْتِ ۝ الَّذِى اَطْعَمَهُمْ مِنْ جُوعٍ وَاٰمَنَهُمْ مِنْ خَوْفٍ ۝

1/1 Der Brüderschaft Kuraisch, - 2/2 Derselben Brüderschaft zur Handelsreis' Im Winter und im Sommer! - 3/3 Darum sollen sie den Herrn anbeten dieses Hauses, - –/4 Der sie gespeist gegen Hunger, - 4/– Gefriedet gegen Furcht und Kummer.

El-Mā'ūn — (Das Gerät)

بِسْمِ اللهِ الرَّحْمٰنِ الرَّحِيمِ

اَرَاَيْتَ الَّذِى يُكَذِّبُ بِالدِّينِ ۝ فَذٰلِكَ الَّذِى يَدُعُّ الْيَتِيمَ ۝ وَلَا يَحُضُّ عَلٰى طَعَامِ الْمِسْكِينِ ۝ فَوَيْلٌ لِلْمُصَلِّينَ ۝ الَّذِينَ هُمْ عَنْ صَلَاتِهِمْ سَاهُونَ ۝ الَّذِينَ هُمْ يُرَاؤُنَ ۝ وَيَمْنَعُونَ الْمَاعُونَ ۝

1. O siehst du den, der leugnet das Gericht? - 2. Er ist es, der hart mit einer Waise spricht; - 3. Und treibt zur Armenspeisung nicht. - 4. Weh dem, der sein Gebet spricht, - 5. Und merkt auf sein Gebet nicht, - 6. Will nur, dass ihr ihn seht, - 7. Und weigert das Gerät.

Kawthar

بِسْمِ اللهِ الرَّحْمٰنِ الرَّحِيمِ

اِنَّا اَعْطَيْنَاكَ الْكَوْثَرَ ۝ فَصَلِّ لِرَبِّكَ وَانْحَرْ ۝ اِنَّ شَانِئَكَ هُوَ الْاَبْتَرُ ۝

1. Wir haben dir verliehen den Kawthar; - 2. Bring deinem Herrn Gebet und Opfer! - 3. Ja, wer dich hasst, der ist ein Abgestumpfter.

El-Kāfirūn — (Die Leugner)

بِسْمِ اللهِ الرَّحْمٰنِ الرَّحِيمِ

قُلْ يَا اَيُّهَا الْكَافِرُونَ ۝ لَا اَعْبُدُ مَا تَعْبُدُونَ ۝ وَلَا اَنْتُمْ عَابِدُونَ مَا اَعْبُدُ ۝

وَلَا اَنَا عَابِدٌ مَا عَبَدْتُمْ ۝ وَلَا اَنْتُمْ عَابِدُونَ مَا اَعْبُدُ ۝ لَكُمْ دِينُكُمْ وَلِيَ دِينِ ۝

1. Sprich: O, ihr Leugner! - 2. Nicht bete ich an, was ihr anbetet, - 3. Noch wollt ihr beten an, was ich anbete, - 4. Noch will ich beten an, was ihr habt angebetet, - 5. Noch sollt ihr beten an, was ich anbete. - 6. Euch euer Gottesdienst und mir der meine!

4. Kapitel

El-Feth — (Der Sieg)

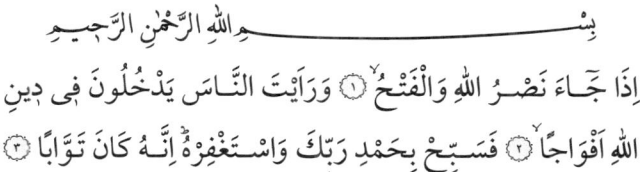

بِسْــــــــــمِ اللهِ الرَّحْمٰنِ الرَّحِيـمِ

اِذَا جَــاءَ نَصْـرُ اللهِ وَالْفَتْحُ ۝ وَرَاَيْتَ النَّــاسَ يَدْخُلُونَ فِى دِينِ

اللهِ اَفْوَاجًا ۝ فَسَـبِّحْ بِحَمْدِ رَبِّكَ وَاسْـتَغْفِرْهُ اِنَّـهُ كَانَ تَوَّابًا ۝

1. Wann kam der Sieg von Gott und Beistand, - 2. Und du die Menschen sahst eingehen Zum Dienste Gottes schaarenweise; - 3. Lobpreise du dann deinen Herrn, Und ruf ihn um Verzeihung an; Er kehret sich daran.

Tebbet — (Ab sind sie)

بِسْــــــــــمِ اللهِ الرَّحْمٰنِ الرَّجِيـمِ

تَبَّتْ يَدَا اَبِى لَهَبٍ وَتَبَّ ۝ مَا اَغْنٰى عَنْهُ مَالُهُ وَمَا كَسَبَ ۝ سَيَصْلٰى نَارًا

ذَاتَ لَهَبٍ ۝ وَامْرَاَتُهُ حَمَّالَةَ الْحَطَبِ ۝ فِى جِيدِهَا حَبْلٌ مِنْ مَسَدٍ ۝

1. Ab sind die Hände Abullahab's, und er ist ab; - 2. Es half ihm nicht sein Gut und Hab. - 3. Heizen wird er des Feuers Brast, - 4. Zuträgt sein Weib des Holzes Last, - 5. Um ihren Hals ein Strick von Bast.

Ichlās — (Bekenntnis der Einheit)

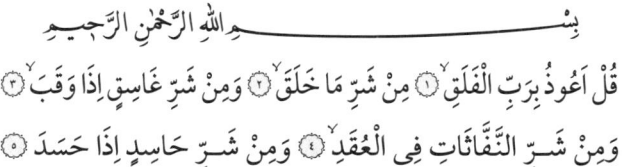

بِسْمِ اللهِ الرَّحْمٰنِ الرَّحِيمِ

قُلْ هُوَ اللهُ اَحَدٌ ۟ اَللهُ الصَّمَدُ ۟ لَمْ يَلِدْ وَلَمْ يُولَدْ ۟ وَلَمْ يَكُنْ لَهُ كُفُوًا اَحَدٌ ۟

1. Sprich: Gott ist Einer, - 2. Ein ewig reiner, - 3. Hat nicht gezeugt und ihn gezeugt hat keiner, - 4. Und nicht ihm gleich ist einer.

El-Felaq — (Die Dämmerung)

بِسْمِ اللهِ الرَّحْمٰنِ الرَّحِيمِ

قُلْ اَعُوذُ بِرَبِّ الْفَلَقِ ۟ مِنْ شَرِّ مَا خَلَقَ ۟ وَمِنْ شَرِّ غَاسِقٍ اِذَا وَقَبَ ۟ وَمِنْ شَرِّ النَّفَّاثَاتِ فِى الْعُقَدِ ۟ وَمِنْ شَرِّ حَاسِدٍ اِذَا حَسَدَ ۟

1. Sprich: Zuflucht such' ich bei dem Herrn der Dämmerung - 2. Vorm Bösen dessen, was er schuf, - 3. Vorm Bösen der Verfinsterung, - 4. Vorm Bösen nestelknüpfender Weiber, - 5. Und vor dem bösen Neid der Neider.

En-Nās — (Die Menschen)

بِسْمِ اللهِ الرَّحْمٰنِ الرَّحِيمِ

قُلْ اَعُوذُ بِرَبِّ النَّاسِ ۝ مَلِكِ النَّاسِ ۝ اِلٰهِ النَّاسِ ۝ مِنْ شَرِّ الْوَسْوَاسِ الْخَنَّاسِ ۝ اَلَّذِى يُوَسْوِسُ فِى صُدُورِ النَّاسِ ۝ مِنَ الْجِنَّةِ وَالنَّاسِ ۝

1. Sprich: Zuflucht such' ich bei dem Herrn der Menschen, - 2. Dem Könige der Menschen, - 3. Dem Gott der Menschen, - 4. Vorm Bösen des Einbläsers, des Verräters, - 5. Der einbläst in der Brust des Menschen, - 6. Zuflucht vor Dschinnen und vor Menschen.

Das *Tahiyyat*-Bittgebet

اَلتَّحِيَّاتُ لِلهِ وَالصَّلَوَاتُ وَالطَّيِّبَاتُ؛ اَلسَّلاَمُ عَلَيْكَ اَيُّهَا النَّبِىُّ وَرَحْمَةُ اللهِ وَبَرَكَاتُهُ؛ اَلسَّلاَمُ عَلَيْنَا

وَعَلَى عِبَادِ اللهِ الصَّالِحِينَ، اَشْهَدُ اَنْ لاَ اِلٰهَ اِلاَّ اللهُ وَاَشْهَدُ اَنَّ مُحَمَّدًا عَبْدُهُ وَرَسُولُهُ

Et-tehiyyātu lillāhi we s-salewātu we et-tayyibātu es-selāmu ʿaleyke eyyuhe n-Nebiyyu we rahmetullāhi we berakātuhū es-selāmu ʿaleynā we ʿalā ibādillāhis-sālihīn. Eschhedu el-lä ilähe illa -llāh we eschedu enne Muhammeden ʿabduhū we rasūluh.

Das *Salli-Barik*-Bittgebet

اَللَّهُمَّ صَلِّ عَلَى مُحَمَّدٍ وَعَلَى آلِ مُحَمَّدٍ كَمَا صَلَّيْتَ عَلَى إِبْرَاهِيمَ وَعَلَى آلِ
إِبْرَاهِيمَ إِنَّكَ حَمِيدٌ مَجِيدٌ

Allahumme salli ʿalā Muhammedin ve ʿalā āli Muham-med, kemā salleyte ʿalā İbrāhime ve ʿalā āli İbrahīm, inneke hamidun medjīd.

اَللَّهُمَّ بَارِكْ عَلَى مُحَمَّدٍ وَعَلَى آلِ مُحَمَّدٍ كَمَا بَارَكْتَ عَلَى إِبْرَاهِيمَ وَعَلَى ،
آلِ إِبْرَاهِيمَ إِنَّكَ حَمِيدٌ مَجِيدٌ

Allahumme salli ʿalā Muhammedin ve ʿalā āli Muham-med, kemā bārakte ʿalā İbrāhime we ʿalā āli İbrahīm, inne-ke hamidun medjīd.

Das *Subhaneke*-Bittgebet

سُبْحَانَكَ اللَّهُمَّ وَبِحَمْدِكَ وَتَبَارَكَ اسْمُكَ وَتَعَالَى جَدُّكَ (وَجَلَّ ثَنَاؤُكَ) وَلاَ
إِلهَ غَيْرُكَ

Subhāneke -llāhumme ve bihamdik. We tebārakesmuk. We teʿālā djedduk. (We djelle thenāuk.) Welā ilāhe ghayruk.

Das *Qunut*-Bittgebet

اَللَّهُمَّ إِنَّا نَسْتَعِينُكَ وَ نَسْتَغْفِرُكَ وَ نَسْتَهْدِيكَ ﴿﴾ وَ نُؤْمِنُ بِكَ وَ نَتُوبُ إِلَيْكَ
﴿﴾ وَ نَتَوَكَّلُ عَلَيْكَ وَنُثْنِى عَلَيْكِ الْخَيْرَ كُلَّهُ نَشْكُرُكَ وَ لاَ نَكْفُرُكَ ﴿﴾ وَ نَخْلَعُ
وَ نَتْرُكُ مَنْ يَفْجُرُكَ

Allāhumme iyyāke naʿbudu we leke nusalli ve nesdjudu we ileyke nesʿa we nachfidu nardjū rahmeteke ve nachschā ʿadhābeke inne adhābeke bilkuffāri mulhiq.

اَللّٰهُمَّ اِيَّاكَ نَعْبُدُ وَ لَكَ نُصَلِّى وَ نَسْجُدُ ﴿﴾ وَ اِلَيْكَ نَسعْىٰ وَ نَحفِدُ ﴿﴾ نَرْجُو رَحْمَتَكَ وَ نَخْشَى عَذَابَك ﴿﴾ اِنَّ عَذَابَكَ بِالْكُفَّارِ مُلْحِقٌّ

Allāhumme innā neste'inuke ve nestaghfiruke we nestehdik. Ve nu'minu bike ve netūbu ileyk. Ve netewekkelū aleyke ve nusni 'aleyke l-chayra kullehu neschkuruke we lā nekfuruke we nachla'u ve netruku men yefdjuruk.

Die *Rabbena-ātina* und *Rabbenaghfirlī*-Bittgebete

رَبَّنَا آتِنَا فِي الدُّنْيَا حَسَنَةً وَفِي الآخِرَةِ حَسَنَةً وَقِنَا عَذَابَ النَّارِ

Rabbenā ātina fid-dunyā haseneten we fi-l 'ākhirati haseneten we qinā adhāben-nār.

رَبَّنَا اغْفِرْ لِي وَلِوَالِدَيَّ وَلِلْمُؤْمِنِينَ يَوْمَ يَقُومُ الْحِسَابُ

Rabbenāghfirlī we li-wālideyye we lil-Mu'minīne yewme yeqūmu-l hisāb.

Wie verrichtet man das Gebet?

Das Verrichten der Sunna-Einheiten des Morgengebets

Wenn man die ersten zwei Gebetseinheiten versteht, sind so gut wie alle anderen Gebete leicht zu erlernen.

Vor dem Gebet ist zunächst die Absicht auszusprechen: „Um Gottes Wohlgefallen zu erlangen, beabsichtige ich, die Sunna des Morgengebets mit zwei Einheiten zu verrichten." Dann beginnt man mit dem Eröffnungs-*Tekbir* „Allah-u ekbar" das Gebet. Hierbei ist zu beachten, dass die Handinnenflächen leicht nach außen in Gebetsrichtung bzw. in Richtung Kaaba zeigen. Das gilt sowohl für Männer als auch für Frauen.

Die Hände werden bei den Männern zwischen Brust und Nabel verschränkt und bei den Frauen auf der Brust, wobei bei beiden die rechte Hand über die linke Hand gelegt wird. In der ersten Gebetseinheit beginnt man mit dem *Subhaneke*-Bittgebet, dann geht man mit der *Eudhu-Besmele* zur Sure El-Fatiha über und schließt es mit einem leisen „Āmīn" ab. Nach der Sure El-Fatiha sind mindestens drei Verse oder ein gleich langer Vers aus dem Koran auswendig zu rezitieren.

Nach der Rezitation beliebiger Verse geht man zur Vorbeugung über. Männer beugen sich waagrecht nach vorne, sodass sie im 90°-Winkel stehen und die Finger gespreizt beide Kniekehlen umfassen. Der Körper und der Kopf sind hierbei gerade zu halten. Frauen hingegen müssen sich nicht ganz vorbeugen. Ihre Hände sind auf den Knien zu halten. In dieser Haltung ist 3-mal *subhāne Rabbiye l-ʿazīm* (Gepriesen sei mein Herr, der Allgrößte) zu sagen.

Nach der Vorbeugung geht man mit *semiʿAllāhu limen hamideh* wieder in das aufrechte Stehen zurück. Dieses Mal aber werden die Hände nicht wie zu Beginn verschränkt. Während dieser Haltung wird *Rabbenā leke l-ḥamd* gesagt. Danach geht man mit dem Übergangs-*Tekbir* „Allah-u ekbar" in die Niederwerfung. Bei der Niederwerfung ist darauf zu achten, dass alle sieben Gliedmaßen den Boden gleichzeitig berühren und in die Gebetsrichtung zeigen.

Diese Gliedmaßen sind die Stirn, die Nase, beide Handflächen, beide Knie und die Zehenspitzen.

Frauen machen sich bei der Niederwerfung klein und eng, d. h., dass Stirn und Hände dicht beieinander und nah an den Knien sind. Diese Haltung wird einmal wiederholt. In dieser Position sagt man jeweils drei-mal *subḥāne rabbiyel aʿlā*. Dann steht man mit dem Übergangs-Tekbir „Allah-u Ekber" wieder auf und beginnt mit der *Besmele* die Sure El-Fatiha und mindestens drei beliebige Verse oder einen gleich langen Vers aus dem Koran auswendig zu rezitieren. Bis zur zweiten Niederwerfung ist die zweite Gebetseinheit der ersten gleich.

Nach der zweiten Gebetseinheit steht man nicht wie bei der ersten auf, sondern verharrt beim abschließenden Sitzen. Hier sitzen die Männer auf den Knien, wobei es Sunna ist, wenn der rechte Fuß hier aufrecht steht. Die Frauen sitzen ebenfalls auf den Knien, jedoch stützen sie sich leicht auf der linken Seite ab. In dieser Position sind das *teschehhud* und zusätzlich die *Salli-Barik*-Gebete auszusprechen. Zum Schluss erfolgt der Abschlussgruß *(teslim)*, hier wird jeweils mit den Worten *es-selāmu ʿaleykum wa raḥmetu l-lāh* der Kopf erst zur rechten und dann zur linken Schulter gedreht.

Das Verrichten der *Farḍ*-Einheiten des Morgengebets

Anders als beim Sunna-Gebet wird hier die Absicht folgendermaßen formuliert: „Ich beabsichtige, um Gottes

Wohlgefallen zu erlangen, die Pflicht des Morgengebets mit zwei Einheiten zu verrichten." Wenn man hinter einem Imam betet, wird noch der Satz „Ich richte mich nach dem Imam" hinzugefügt. Zusätzlich wird empfohlen, vor dem Gebet den Gebetsaufruf auszusprechen.

Das Verrichten der anderen Gebete

Alle Gebete mit zwei Einheiten werden wie die Sunna des Morgengebets verrichtet. Nur ist hier die Absicht je nach der Art des Gebets zu fassen. Wenn das Gebet aus vier Einheiten besteht, ist nach der zweiten Einheit kniend das *Tahiyya*-Bittgebet auszusprechen und zur dritten Einheit aufzustehen. In der dritten und vierten Einheit ist nur die *Besmele* zu sprechen (nicht die *Eudhu-Besmele* oder das *Subhaneke*-Bittgebet). Beim Nachmittags- und Nachtgebet wird in der Sunna nach der zweiten Einheit nach dem *Tahiyya*-Bittgebet das *Salli-Barik*-Gebet rezitiert. Und in der dritten Einheit werden nach dem Aufstehen das *Subhaneke*-Bittgebet und die *Eudhu-Besmele* gesprochen. In der vierten Einheit wird wieder mit der *Besmele* begonnen.

Das *Witr*-Gebet

Für das *Witr*-Gebet ist, wie bisher gelernt, erst die Absicht zu fassen: „Um Gottes Wohlgefallen zu erlangen, beabsichtige ich, das *Witr*-Gebet mit drei Einheiten zu verrichten." Die ersten zwei Einheiten sind wie die Sunna-Einheiten des Morgengebets zu verrichten. Nach der zweiten Einheit setzt man sich auf die Knie und spricht das *Tahiyya*-Bittgebet aus. Dann steht man auf und rezitiert mit der *Besmele* die Sure El-Fatiha und mindestens drei beliebige Verse oder einen Vers der gleichen Länge. Anschließend werden die Hände hochgehoben und das Eröffnungs-*Tekbir* gesprochen (wie am Anfang des Gebets auch). Nach dem Eröffnungs-*Tekbir* spricht man die beiden *Qunut*-Bittgebete und verbeugt sich.

Die Lobpreisung (ar./tr. *tesbihāt*) nach dem Gebet

Nach dem Gebet werden einige Bittgebete rezitiert und Gott lobgepriesen. Diese freiwilligen Bittgebete hat der Prophet Muhammed (Friede sei mit ihm) gezeigt und auch empfohlen. Nach dem Abschlussgruß wird folgender Satz gesagt:

Allāhumme ente s-Selāmu we minke s-selām, tebārakte yā dhe l-djelāli we l-ikrām (O mein Herr, Du bist der Frieden und von Dir stammt der Frieden. Gesegnet seist Du, o Würdevoller und Gunstgeber).

Und wenn anschließend keine Sunna-Einheit mehr folgt: *Alā rasūlina salawāt* (Auf unseren Propheten der Friedensgruß).

Dann: *subhān Allāhi we l-ḥamdu lillāhi we lā ilāhe illa llāhu wa -llāhu ekbar, we lā ḥawle we lā quwwete illā bi -llāhi l-ʿalīyyi l-ʿaẓīm.*

Nach dieser Rezitation wird leise der *ayet el-kursī* (der Thronvers) mit der großen *Besmele* rezitiert, anschließend folgen das *tesbīh (subhanallahi bukratan wa asila)*, das *tahmīd (el-hamdu li -llāhi kethīrā)*, das *tekbir (Allah-u ekbar kebīra)* und einmal *lā ilāhe ille -llāhu wahdehū lā scharīke leh, lehu l-mulku we lehu l-hamdu wa huwe ʿalā kulli schey'in qadīr.*

Danach hebt man die Hände hoch und bittet Gott für sich, seine Familie und Freunde um Hilfe in jeglicher Hinsicht, um Vergebung, zeigt Reue etc.

Das Gemeinschaftsgebet *(arab. es-salātu bi-l-djamāʿa)*

Das Hauptgebet kann auch mit mehreren Menschen zusammen verrichtet werden. Für Männer ist das Gemeinschaftsgebet nach hanefitischer Lehrmeinung permanente Sunna *(sunna muʾekkede)*, bei Schafiiten ausreichende Pflicht *(fard el-kifāye)*, bei Malikiten sowohl permanente Sunna als auch ausreichende Pflicht und bei Hanbeliten persönliche Verantwortung *(fard el-ʿayn)*. Das Freitagsgebet in der Gemeinschaft ist für alle obligatorisch bzw. *fard.* Nach hanefitischer Meinung reichen jedoch zwei Muslime dafür aus, um als Gemeinschaft eingestuft zu werden. Damit wäre auch die Gültigkeit des Gemeinschaftsgebets gegeben. Schafiiten hingegen setzen mindestens 40 Teilnehmer voraus.

Wie wichtig ist das Gemeinschaftsgebet?

Der Islam misst dem Gemeinschaftsgebet einen großen Wert bei. Der barmherzige Gott hat zwar das Gemeinschaftsgebet für die Muslime nicht verpflichtend erklärt, aufgrund dessen wichtiger Bedeutung jedoch haben der Prophet Muhammed und die ersten Muslime das Gemeinschaftsgebet kaum ausgelassen. Der Prophet Muhammed (Friede sei mit ihm) erwähnte immer wieder die Bedeutsamkeit des Gemeinschaftsgebets und machte stets auf dessen Lohn aufmerksam: *„Der Lohn für das gemeinsame Beten hat den 27-fachen Wert des individuellen (getrennt von der Gemeinschaft verrichteten) Gebets."*

In weiteren Hadithen sagte er hierzu: *„Wer zum Beten in die Moschee geht, dem werden für alle Schritte die Sünden vergeben und die Stellung vor Gott erhoben." „Wenn man das Nachtgebet mit der Gemeinschaft verrichtet, so ist es, als ob man einen Teil der Nacht gebetet hätte. Wenn man das Morgengebet mit der Gemeinschaft verrichtet, so ist es, als ob man die ganze Nacht über gebetet hätte."*

Wie betet man mit der Gemeinschaft?

Der Betende hat die Absicht auszusprechen, dem Imam zu folgen. Nach Beginn des Hauptgebets ist erst das *Sub-haneke*-Bittgebet zu rezitieren. Die Sure El-Fatiha und die darauffolgenden beliebigen Verse werden vom Imam in Vertretung rezitiert. Der Betende hat hier nur die Pflicht zuzuhören. Er hat nicht die Pflicht mitzurezitieren.

Nach der Vorbeugung in der aufrechten Position sagt der Imam *semi 'allāhu limen ḥamideh* und der Betende sagt anschließend leise *rabbenā leke l-ḥamd*. Weitere Aufgaben des Imams sind es, die Übergangs-*Tekbirs* vor jeder Haltung und den Abschlussgruß auszusprechen. Die restlichen Lobpreisungen und Bittgebete (wie *subḥāne Rabbiye l-'azīm subḥāne rabbiyel a'lā* etc.) hat der Betende leise selbst aufzusagen.

Wie verhält man sich bei einem bereits begonnenen Gemeinschaftsgebet?

Wenn man zu einem Gebet noch vor der Vorbeugung (genauer: bevor der Imam *semi 'allāhu limen ḥamideh* sagt) hinzukommt, wird die Gebetseinheit angerechnet. Der Eintritt nach der Vorbeugung gilt als verpasste Gebetseinheit, die nach dem Abschlussgruß des Imams nachzuholen ist. Wenn man sich erst in der zweiten, dritten oder vierten Einheit dem Gemeinschaftsgebet hinter dem Imam angeschlossen hat, sind die verpassten Einheiten nach dem Abschlussgruß *(teslim)* individuell nachzuholen.

Die Nachholgebete werden allein weiter verrichtet. Es gelten die gleichen Regeln wie bei einem selbstständigen Gebet. Beim Morgengebet zum Beispiel, wenn die zweite Einheit nachzuholen ist, steht man nach dem Abschlussgruß auf und betet allein leise weiter, und nicht laut wie der Imam.

Weiter ist zu beachten, dass jemand, der sich dem Gebet im Nachhinein anschließt, während der Imam sich beim abschließenden Sitzen befindet, nur das *Tahiyya*-Bittgebet zu sprechen hat. Nach dem Abschlussgruß steht man auf und beginnt mit dem *Subhaneke*-Bittgebet und fährt mit der *Eudhu-Besmele*, der Sure El-Fatiha und mindestens drei beliebigen Versen oder einem Vers, der drei kurzen Versen gleich ist, fort.

Das Nachholgebet (tr. *kaza namazı*)

Die Nachholgebete sind Gebete, die in den ihnen vorgesehenen Zeiten verpasst bzw. nicht verrichtet wurden. Das Gebet hat im Islam einen hohen Stellenwert. Deshalb ist das Gebet bis auf sehr wenige Ausnahmen (z. B. im Koma) immer zur vorgesehenen Zeit zu verrichten. Am Tag der Auferstehung wird in Verbindung mit den Glaubensangelegenheiten als Erstes nach dem Gebet gefragt.

Welche Gebete sind nachzuholen?

Das Nachholen der Gebete, die nicht in den vorgesehenen Zeiten verrichtet wurden, ist Pflicht. Das Nachholen des *Witr*-Gebets ist eine Soll-Aufgabe. Die Sunna-Einheiten müssen nicht nachgeholt werden, wer sie aber verrichtet, wird zusätzlich belohnt. Da es meistens zur Vernachlässigung des Morgengebets kommt, wird empfohlen, das Morgengebet samt den Sunna- und Pflichteinheiten noch am selben Tag vor dem Mittagsgebet nachzuholen.

Werden die nachgeholten Gebete von Gott akzeptiert?

Das Nachholen der Gebete ist ein Zeichen von Reue und Buße des Gläubigen. Laut Koran nimmt Gott ein ernstes und reuevolles Gebet an. Reue zeigt sich sowohl mündlich als auch in der Praxis. Gott sagt hierzu im Koran: *„Sprich: ‚O Meine Diener, (…) verzweifelt nicht an Gottes Barmherzigkeit. Wahrlich, Gott vergibt alle Sünden. Er ist fürwahr der Vergebende, der Barmherzige‘"* (39:53). Dennoch dürfen die Gebete nicht ohne Grund vernachlässigt werden. Denn das würde zeigen, dass der Gottesdienst nicht ernst genommen wird.

Wann sind die Nachholgebete zu verrichten?

Die Gebete können außerhalb der folgenden drei Zeiten immer verrichtet werden:

1. Circa 45 Minuten nach Sonnenaufgang

2. Wenn die Sonne ihren Zenit erreicht. Dies entspricht ca. 45 Minuten vor dem Mittagsgebet

3. Circa 45 Minuten vor dem Abendgebet bzw. vor Sonnenuntergang

Diese Zeiten werden im Türkischen auch *kerahet vakitleri* genannt.

Wie ist die Absicht des Nachholgebets auszusprechen?

Wenn der Tag und die Zeit des verpassten Gebets bekannt sind, wird die Absicht wie folgt gefasst: „Um Gottes

Wohlgefallen zu erlangen beabsichtige ich, die am Sonntag verpasste *farḍ* des Mittagsgebets mit vier Einheiten zu verrichten." Wenn der Tag und die Zeit unbekannt sind, wird die Absicht wie folgt ausgedrückt: „Um Gottes Wohlgefallen zu erlangen beabsichtige ich, die zuletzt verpasste *farḍ* des Mittagsgebets zu verrichten."

Was sind *djem ʿi taqdīm* und *djem ʿi te ʾchīr?*

Djem ʿ (tr. *cem etmek*) bedeutet Zusammenlegung der täglichen Hauptgebete. Diese wird in zwei Bereiche unterteilt: *djem ʿi taqdīm* und *djem ʿi te ʾchīr*.

Djem ʿi taqdīm bedeutet zeitliches Vorziehen. Das heißt, dass die Zusammenlegung des Mittags- und Nachmittagsgebets in der Zeit des Mittagsgebets und die Zusammenlegung des Abends- und Nachtgebets in der Zeit des Abendgebets erfolgt.

Djem ʿi te ʾchīr bedeutet das zeitliche Nachholen. Das heißt, dass die Zusammenlegung des Mittags- und Nachmittagsgebets in der Zeit des Nachmittagsgebets und die Zusammenlegung des Abends- und Nachtgebets in der Zeit des Nachtgebets erfolgt. Wann ist das erlaubt?

Nach hanefitischer Lehrmeinung ist das *Djem ʿ*-Gebet lediglich zu folgenden Anlässen erlaubt:

1. Während der Hadsch-Pilgerfahrt am Arafat (*djem ʿi taqdīm* zwischen Mittags- und Nachmittagsgebet)

2. In Muzdalifah (*djem ʿi te ʾchīr* zwischen Abend- und Nachtgebet)

3. Es ist besser, das Hauptgebet zusammenzulegen, als in der Öffentlichkeit zu beten. Es ist zu beachten, dass wir als deutsche Muslime in einer Gesellschaft leben, in der religiöse Handlungen im öffentlichen Raum befremdlich wirken. Außerdem sollten religiöse Handlungen nicht dazu führen, dass sich Menschen weiter von der Religion entfernen. Es ist daher wichtig, Rücksicht zu nehmen.

Außer bei diesen Anlässen ist das *Djem*-Gebet nach hanefitischer Rechtsschule nicht erlaubt.

Die Will-Gebete (ar./tr. *nafile*)

Nach hanefitischer Lehrmeinung sind die Will-Gebete eine allgemeine Bezeichnung für Gebete, die weder Haupt- noch Soll-Gebete sind. Darunter fallen auch die Sunna-Gebete, die bereits oben genannt wurden. Weil die oben erwähnten Sunna-Gebete mit einem Hauptgebet (*farḍ*) verbunden sind, werden sie in der Literatur *Rātibe*-Gebete genannt. Alle anderen Gebete, die weder Haupt-, noch Soll- oder *Rātibe*-Gebete sind, werden in diesem Handbuch als „Will-Gebete" bezeichnet.

Mit Ausnahme des *Tehedjjud*-Gebets hat der Prophet Muhammed (Friede sei mit ihm) die Gebete entsprechend ihrer Art entweder stets verrichtet oder aber auch ausgelassen. Das *Tehedjjud*-Gebet war für den Propheten Muhammed (Friede sei mit ihm) im Gegensatz zu den Muslimen eine persönliche Pflicht (farḍ). Für die Gemeinschaft des Propheten Muhammed (Friede sei mit ihm) hingegen ist das *Tehedjjud*-Gebet ein Will-Gebet. Das bedeutet: Wer dieses Gebet verrichtet, wird belohnt; wer es unterlässt, wird aber nicht missbilligt.

Das *Tehedjjud*-Gebet (tr. *teheccüd namazı*)

Tehedjjud heißt übersetzt „in der Nacht wach bleiben". Das freiwillige Nachtgebet ist in dem Zeitraum zwischen Nachtgebet und Morgengebet zu verrichten (unter der Bedingung, dass man nach dem Nachtgebet schläft). Für das Verrichten des freiwilligen Nachtgebets gibt es großen Lohn. Der Vorzug dieses Gebets wird in zahlreichen Hadithen betont: *„Das freiwillige Gebet wird für schlechte Taten sühnen, vor Sünden schützen und Krankheiten vom Körper ausstoßen." „Das beste Gebet nach den Pflichtgebeten ist das Gebet in der Tiefe der Nacht."*

Es ist eine einmalige Gelegenheit zu einem Zeitpunkt, an dem viele Menschen schlafen, die Nähe zu Gott zu suchen. Gott möchte, dass wir unsere Demut zeigen und Ihn bitten, uns all das zu geben, was wir uns wünschen.

Das Vormittagsgebet (ar./tr. *duha*, tr. *kuşluk namazı*)

Vom Sonnenaufgang bis 45 Minuten vor dem Mittagsgebet kann das Vormittagsgebet verrichtet werden. Das Vormittagsgebet kann in geraden Einheiten verrichtet

werden (2 bis 12 Gebetseinheiten). Über das Vormittagsgebet sagte der Prophet Muhammed (Friede sei mit ihm):
*„Wer regelmäßig das Vormittagsgebet betet, dem werden (bis
auf die Verletzung des Rechts der Anderen [tr. kul hakkı]),
die Sünden vergeben, selbst wenn die Sünden mehr als der
Schaum des Meeres sind."*

Spätabendgebet (ar. *awwabin*, tr. *evvabin namazı*)

Die linguistische Bedeutung des Begriffs *awwabin* ist
„Personen, die sich Gott recht oft zuwenden". Es ist ein Zeichen der Reue. Dieses Gebet kann man nach dem Abendgebet zwischen zwei und sechs Einheiten verrichten.

Das Lobpreisgebet (*Tesbīh*-Gebet)

Das Lobpreisgebet wird in vier Einheiten verrichtet. In
jeder Einheit wird die Sure El-Fatiha und mindestens drei
beliebige Suren aus dem Koran rezitiert. In der ersten Einheit wird nach der Sure im Stehen vierzehn Mal *subhanallahi wel hamdulillahi welä illähe illa -llāh wallahu ekber* aufgesagt, wobei beim letzten Mal *lä hawle we lä quwwete illä
bi-llähi -l-ʿalīyyi -l-ʿazīm* angehängt wird. Daraufhin beugt
man sich vor und sagt das gleiche *tesbih* neunmal, ebenso beim zehnten Mal mit der Ergänzung *lä hawle we lä
quwwete illä bi-llähi -l-ʿalīyyi -l-ʿazīm*. Nach der Vorbeugung richtet man sich wieder auf und spricht das gleiche

tesbih neun Mal mit der zehnten Ergänzung im Stehen, bevor man in die Niederwerfung geht. In der Niederwerfung wiederholt man das gleiche *tesbih* nochmals 9 + 1 Mal. Danach richtet man sich von der Niederwerfung auf und sagt das gleiche *tesbih* 9 + 1 Mal im Sitzen auf. Daraufhin geht man nochmals in die Niederwerfung und sagt wieder 9 + 1 Mal das *tesbih* auf. Nach dem *tesbih* richtet man sich zum Sitzen auf und sagt zum letzten Mal in der Einheit das *tesbih* im Sitzen 9 + 1 Mal auf. So wird die erste Einheit vervollständigt sein. Die anderen Einheiten werden auf die gleiche Weise verrichtet.

Neben diesen erwähnten Gebeten gibt es noch andere freiwillige Gebete, die man verrichten kann, zum Beispiel bei einer Sonnen- und Mondfinsternis, bei einer Dürre, bei einer Plage oder einem Unbehagen, nach einer Gebetswaschung und bei einem Moscheeeintritt.

Das Freitagsgebet

Das Freitagsgebet wird in einem Gemeinschaftsgebet freitags in der Moschee zur Zeit des Mittaggebets (ar. *zuhr*) verrichtet. Ab dem Pubertätsalter ist es für Muslime eine individuelle Pflicht. *„O die ihr glaubt, wenn der Ruf zum Gebet am Freitag erschallt, dann eilet zum Gedenken Allahs und lasset den Handel ruhn. Das ist besser für euch, wenn ihr es nur wüsstet"* (Sure 62:9). Mit diesem Vers wurde das Freitagsgebet zur Pflicht.

Die Bedeutung des Freitagsgebets

Ziel des Freitagsgebets ist es, die Muslime zusammen-zubringen, das Gefühl der Bruderschaft, der Einigkeit, der Solidarität und der Gemeinschaft zu stärken. Der Prophet Muhammed (Friede sei mit ihm) zeigte große Sorgfalt und Gewissenhaftigkeit beim Verrichten des Freitagsge-bets. Die Aussage „eilet zum Gedenken Gottes" im oben erwähnten Vers zeigt, dass das Freitagsgebet nicht auf die leichte Schulter genommen werden soll.

Der Prophet (Friede sei mit ihm) sagte dazu: *„Wer sorg-fältig seine Gebetswaschung vornimmt, danach zum Frei-tagsgebet kommt und sich, ohne zu reden, die Predigt anhört, dem werden die Sünden der letzten zehn Tage verziehen."*

Für wen ist das Freitagsgebet verpflichtend?

Das Freitagsgebet ist *farḍ* für Jungen ab der Pubertät, für Männer, die klaren Verstandes sowie frei sind. Nicht verpflichtend ist es für Kranke, Reisende usw. Es spricht nichts dagegen, dass auch Frauen dieses Gebet verrichten.

Wie wird das Freitagsgebet verrichtet?

Das Freitaggebets wird genau um die gleiche Zeit ver-richtet wie das Mittaggebet. Wie bei den täglichen Gebeten ist auch hier der Gebetsruf zu singen. Wie beim Mittags-gebet auch, werden nach dem Gebetsruf vier Einheiten der Sunna verrichtet. Jedoch ist die Absicht hier entsprechend der Sunna des Freitagsgebets zu fassen. Nach der Sunna wird der Gebetsruf wieder vollständig schnell gesprochen, damit der Imam seine Predigt (ar. *chutbe*, tr. *hutbe*) halten kann.

Der Sinn der Predigt ist es, die Gläubigen auf ihre Verantwortung im Dies- und Jenseits aufmerksam zu machen, das Herz an Gott zu binden und die Gemeinschaft über die Welt und Religion aufzuklären. Es ist wichtig, während der Predigt nicht zu reden, sondern aufmerksam zuzuhören. Der Prophet sagte: *„Wer während der Predigt seinem Freund ‚Sei still!' oder ‚Pscht!' zuruft, wird selbst der Redende sein."*

Die Predigt ist die Voraussetzung für die Gültigkeit des Freitagsgebets. Nach der Predigt wird mit dem Gebetsaufruf zum Gemeinschaftsgebet aufgerufen. Genau wie bei allen Gemeinschaftsgebeten ist es auch beim Freitagsgebet so, dass nach dem Eröffnungs-*Tekbir* der Betende nur das *Subhaneke*-Gebet zu rezitieren hat. Die Sure El-Fatiha oder weitere Verse werden nicht rezitiert. Bei der Vorbeugung, Niederwerfung und beim abschließenden Sitzen werden die Bittgebete aufgesagt, so wie wir das bisher gelernt haben.

Nach der Pflicht werden die vier Einheiten der letzten Sunna sowie die vier Einheiten der ersten Sunna verrichtet. Anschließend wird sicherheitshalber das *ez-zuhr el-āchir* genannte Gebet verrichtet, das wie die vier Pflichteinheiten des Mittaggebets verrichtet wird. Daraufhin werden zwei Einheiten verrichtet, wie die Sunna-Einheiten des

Morgengebets. Die Verrichtung des Freitagsgebets ist in ähnlicher Form durchzuführen, wie im vorherigen Kapiteln erläutert.

Das *Tarawih*-Gebet (tr. *teravih namazı*)

Tarawih bedeutet lexikalisch „Erholung". Damit ist die Erholung vom Fasten während des Ramadans gemeint. Das *Tarawih*-Gebet ist eine Sunna-Handlung, die nur im Ramadan, nach dem Nacht- bzw. vor dem *Witr*-Gebet verrichtet wird.

Der Prophet Muhammed (Friede sei mit ihm) legte viel Wert auf das *Tarawih*-Gebet. Er sagte: *„Wer an die Tugend glaubt und die Belohnung von Gott erhofft, und wer mit Einverständnis Gottes seine Nächte im Ramadan mit Andacht an Gott verbringt (gemeint ist das Tarawih-Gebet), dem werden seine vorherigen Sünden vergeben."*

Das *Tarawih*-Gebet ist auch für diejenigen eine Sunna-Handlung, die wegen Krankheit, Reise oder Ähnlichem nicht fasten konnten. Dieses Gebet kann man sowohl mit der Gemeinschaft als auch allein verrichten.

Wie verrichtet man das *Tarawih*-Gebet?

Das *Tarawih*-Gebet wird zwischen dem Nachtgebet und dem *Witr*-Gebet verrichtet. Das *Tarawih*-Gebet vor dem Nachtgebet zu verrichten, ist nicht erlaubt. Es besteht aus 20 Einheiten. Es kann sowohl in 2 Einheiten als auch in 4 Einheiten verrichtet werden. Ganz gleich, für welche

Einheiten man sich entscheidet, das Gebet wird verrichtet, bis die 20 Einheiten erreicht sind.

Das gemeinschaftliche Verrichten des *Tarawih*-Gebets

Wie bei allen Gottesdiensten ist auch hier zunächst die Absicht zu fassen: „Ich beabsichtige, um Gottes Wohlgefallen zu erlangen, das *Tarawih*-Gebet zu verrichten, und richte mich nach dem Imam." Mit dem Eröffnungs-*Tekbir* des Imams beginnt das Gebet. Daraufhin spricht man leise das *Subhaneke*-Bittgebet und richtet sich nach dem Imam. Die Anzahl der Gebetseinheiten sind ganz dem Imam überlassen. Besser ist es jedoch, als hanefitischer Imam aus Respekt gegenüber den Betenden aus der schafiitischen Rechtsschule in zwei Einheiten zu beten, denn für diese ist es Pflicht, das *Tarawih*-Gebet in zwei Einheiten zu verrichten.

Das eigenständige Verrichten des *Tarawih*-Gebets

Das *Tarawih*-Gebet beginnt mit dem Aufsagen der Absicht „Um Gottes Wohlgefallen zu erlangen beabsichtige ich, das *Tarawih*-Gebet mit zwei Einheiten zu verrichten". Wenn die Absicht mit zwei Einheiten gefasst wurde, ist das *Tarawih*-Gebet wie die Sunna-Einheiten des Morgengebets zu verrichten. Beim abschließenden Sitzen werden, wie zuvor gelernt, das Tahiyya-Bittgebet und die *Salli-Barik*-Bittgebete gesprochen.

Das Gebet des Reisenden (tr. *seferi namazı*)

Wenn ein Muslim eine Strecke von mindestens 90 km zurücklegt und sich ganz sicher vornimmt, dort weniger als fünfzehn Tage Zeit zu verbringen, dann wird er als ein Gast bzw. Reisender eingestuft. Nach dem Beschluss der Gelehrten verrichtet der Reisende das Hauptgebet (*Farḍ*-Gebet) von vier Einheiten nur in zwei Einheiten. Die Hauptgebete mit drei oder zwei Einheiten verrichtet er jedoch unverändert. Das Gebet nicht zu verkürzen gilt nach hanefitischer Lehrmeinung als *mekruh tahrimen*.

Wer sich eine Reise vornimmt und reist, verrichtet seine Gebete als Gast, sobald er seinen Wohnort verlassen hat. Bei der Rückkehr wird seine Reise als beendet betrachtet, sobald er die Grenzen seines Wohnorts erreicht. Ab dann verrichtet er seine Hauptgebete wieder in normalen Einheiten. Jemand, der sich bei der Reise vornimmt, 15 Tage oder noch länger zu verweilen, darf seine Einheiten nicht verkürzen. Für den Reisenden ist auch das Freitagsgebet keine Pflicht; wenn er es aber trotzdem verrichtet, wird es als Mittagsgebet gewertet.

Das Festtagsgebet (ar. *ʿīd-Gebet*, tr. *bayram namazı*)

Es gibt zwei religiöse Festtage im Islam: das Annäherungsfest (auch Kurbanfest genannt) und das Ramadanfest. An beiden Festtagen wird das Festtagsgebet am ersten Tag morgens, 45 Minuten nach Sonnenaufgang, mit der Gemeinschaft verrichtet. Das Nachholen und das individuelle Beten sind nicht möglich. Das Verrichten dieses Gebets ist eine Soll-Aufgabe und besteht aus zwei Einheiten. Es wird ohne den Gebetsruf und Gebetsaufruf verrichtet. Nach dem Gebet wird vom Imam eine Predigt *(chutbe)* gehalten.

Wie wird das Festtagsgebet verrichtet?

Mit dem Aufsagen des Vorsatzes „Um Gottes Wohlgefallen zu erlangen, beabsichtige ich, das heutige Festgebet zu verrichten und folge dem Imam" und dem Eröffnungs-*Tekbir*, das man mit dem Imam gemeinsam spricht, beginnt man mit dem Gebet und sagt nur das *Subhaneke*-Bittgebet, wie bei einem normalen Gemeinschaftsgebet. Danach spricht man gemeinsam mit dem Imam das *tekbir* aus und lässt die Hände herunterhängen. Daraufhin spricht man zum zweiten Mal das *tekbir* und lässt wieder die Hände herunterhängen. Anschließend spricht man zum dritten Mal das *tekbir* und verschränkt dieses Mal die Hände. Der Imam liest anschließend die Sure El-Fatiha und mindestens drei beliebige Verse aus dem Koran oder eine gleich lange Sure. Wie beim normalen Gebet beugt man sich vor, wirft sich zweimal nieder und erhebt sich wieder für die zweite Einheit.

Bei der zweiten Einheit rezitiert der Imam wieder die Sure El-Fatiha und beliebige Verse aus dem Koran. Danach spricht man, bevor man in die Vorbeugung geht, mit dem Imam das *tekbir* und lässt die Hände neben dem Körper herunterhängen. Gleich darauf folgt das zweite *tekbir* und die Hände werden wieder hängengelassen. Noch ein drittes *tekbir* wird gesprochen, woraufhin man wieder die Hände am Körper herunterhängen lässt. Nach dem sofort anschließenden vierten *tekbir* geht man in die Vorbeugung und verrichtet das übliche Gebet weiter mit dem Imam.

Das Totengebet

Das Totengebet ist ein Bittgebet für verstorbene Muslime. Es ist ein Akt der Treue gegenüber dem Verstorbenen, damit seine Sünden vergeben werden. Es ist im Übrigen auch eine Frage des Respekts gegenüber dem Verstorbenen. Neben einer menschlichen Verantwortung ist es im islamischen Sinne auch ausreichende Pflicht *(farḍ el-kifāye)*. Durch das Verrichten des Gebets von einer Gruppe von Muslimen wird die Verpflichtung für alle anderen Muslime aufgehoben. Wenn sich keiner bereit erklärt, dieser Pflicht nachzugehen, wird jeder einzelne Muslim am Jüngsten Gericht dafür zur Rechenschaft gezogen.

Wie wird das Totengebet verrichtet?

Das Totengebet wird mit vier *tekbirs* im Stehen verrichtet. Es hat weder eine Vorbeugung noch eine Niederwerfung. Auch hier beginnt das Totengebet mit dem Fassen der Absicht: „Um Gottes Wohlgefallen zu erlangen, beabsichtige ich, das Totengebet für Herrn/Frau XY zu verrichten." Danach spricht man gemeinsam mit dem Imam das *tekbir*, verschränkt die Hände und spricht das *Subhane-ke*-Bittgebet mit der Ergänzung *ve djelle thenāuk*. Daraufhin spricht man das *tekbir* mit dem Imam zusammen und spricht das *Salli-Barik*-Bittgebet. Anschließend spricht man gemeinsam mit dem Imam das dritte *tekbir* und rezitiert, wenn man es kann, eines der Totengebete, die der Prophet Muhammed (Friede sei mit ihm) las. Wenn man keines kennt, spricht man die *Qunut*-Bittgebete, die *Rabbena ātinā*- und *Rabbenaghfirli*-Bittgebete oder rezitiert einen anderen beliebigen Vers aus dem Koran. Anschließend spricht man nochmals ein *tekbir* und beschließt den Abschlussgruß nach rechts und links, ohne etwas aufgesagt zu haben. Bei den *tekbirs*, die nach dem ersten *tekbir* vorgenommen werden, werden die Hände nicht erhoben. Alles, was die anderen Gebete ungültig macht, macht auch das Totengebet ungültig.

Heilige Tage und Nächte

Das Ziel eines Muslims ist es, den Gottesdienst auf schönste Art und Weise durchzuführen, um die Gunst Gottes zu erlangen. Da jeder Mensch aus seiner natürlichen Veranlagung heraus eine Neigung zum Sündigen hat, sollte der Muslim gerade deshalb jede Gelegenheit nutzen, sich Gott und dem Gottesdienst zu widmen. Der barmherzige Gott, der unsere Lage besser kennt als wir, zeigt uns verschiedene Wege auf und gibt uns die Gelegenheit, uns von Sünden zu befreien. Gott hat manche Tage und

Nächte für wertvoller als andere erklärt. An diesen heiligen Tagen und Nächten verteilt Gott den Menschen statt einer Wohltat den Umständen entsprechend zehn, siebzig, siebenhundert und noch mehr Wohltaten. Diese Tage und Nächte sind quasi ein Schlüssel für das ewige Leben im Paradies, und was noch wichtiger ist: Sie sind wichtige Anlässe, um das Wohlgefallen Gottes zu erlangen.

Folgende Nächte gelten im Islam als heilige Nächte:

Die *Raghāʾib*-Nacht

Raghāʾib-Nacht bedeutet übersetzt „Nacht der Wünsche". Es handelt sich hierbei um die erste Donnerstagnacht des siebten Monats des islamischen Mondkalenders. Sie ist der Auftakt der heiligen drei Monate, der erste Tag des Monats *Radjeb*. In dieser Nacht werden alle Wünsche und Vorhaben der Betenden besonders erhört. Auch der Prophet Muhammed (Friede sei mit ihm) widmete sich in dieser Nacht dem Gottesdienst. Diese Nacht mit Gottesdienst zu verbringen ist besonders ertrags- und segensreich. Den Überlieferungen zufolge verrichtete der Prophet (Friede sei mit ihm) in dieser Nacht ein freiwilliges Gebet mit zwölf Einheiten.

Die *Miʿradj*-Nacht (Die Nacht der Himmelfahrt)

In der 27. Nacht des siebten Monats des islamischen Mondkalenders kam der Engel Gabriel nach Mekka und führte den Propheten Muhammed (Friede sei mit ihm) auf eine Reise. Auf der Himmelfahrt, die ein besonderes Ereignis war, reiste der Prophet in die Himmelssphären, schaute sich das Paradies und die Hölle an und konnte Gott unmittelbar sehen. Die Hauptgebete am Tag wurden ab dieser Nacht für Muslime verpflichtend. Dies ist auch der Grund, weshalb der Prophet sagte: *„Das Gebet ist die Himmelfahrt für den Muslim."* Schon vor dem Islam gab es das Gebet in unterschiedlichsten Formen. Es war jedoch eher ein individuelles Gebet, was bedeutet, dass keine Struktur und feste Zeiten vorhanden waren. Mit der Himmelfahrt wurden diese nun vorgeschrieben. Im Bewusstsein dessen sollte die *Mi'radj*-Nacht also möglichst bis in die Morgenstunden mit dem Wunsch nach Vergebung, Segenswünschen, Rezitationen des Korans und Gebeten verbracht werden.

Die *Bera'at*-Nacht

Die 15. Nacht des Monats *Scha'ban* ist die *Bera'at*-Nacht. *Bera'at* bedeutet „Befreiung" und bietet die Gelegenheit, sich in dieser Nacht von Sünden zu befreien. In dieser Nacht werden alle guten und schlechten Taten abgewogen sowie die Versorgung der Menschen festgesetzt. Die *Bera'at*-Nacht mit Reue und Gottesdienst zu verbringen, führt zu großem Verdienst. Der Prophet Muhammed (Friede sei mit ihm) sagte über diese Nacht: *„Wenn die Mitte des Monat Scha'bans erreicht ist, dann verbringt diese Nacht mit Gottesdienst und fastet am Tag. Denn Gott* *fragt an diesem Tag seine Geschöpfe: ‚Fleht denn keiner um Verzeihung, dem Ich verzeihen kann? Bittet denn keiner um Versorgung, den Ich versorgen kann? Hat denn keiner eine Krankheit, dem Ich Gesundheit geben kann? Gibt es denn nicht, gibt es denn nicht …?'"*

Die *Qadr*-Nacht (Die wertvolle Nacht)

Die *Qadr*-Nacht ist die Nacht, in der der heilige Koran herabgesandt wurde. Deshalb ist diese Nacht die heiligste Nacht und ist gesegneter als tausend Monate. Zeitlich wird sie in den letzten ungeraden Tagen des Ramadans gesucht. In dieser Nacht werden die Gottesdienste dem Menschen vervielfacht zugeschrieben. Auch Goethe feierte diese Nacht: „[Ich möchte] ehrfurchtsvoll jene heilige Nacht feiern, wo der Koran vollständig dem Propheten von obenher gebracht ward."[8]

Die *Mewlid*-Nacht (Die Nacht der Geburt)

Der Prophet Muhammed (Friede sei mit ihm) wurde im April 571 in Mekka geboren. Diese Nacht wird mit freiwilligen Gottesdiensten gefeiert. Muslime kommen zusammen, sprechen Segensworte an den Propheten aus oder ziehen sich zurück und widmen sich die ganze Nacht dem Gottesdienst.

---

[8]   Katharina Mommsen, *Goethe und der Islam,* Stuttgart 1964.

4. Kapitel

Heilige Tage und Nächte sollte man mit vielen Gottesdiensten, Gebeten und Rezitationen verbringen. Soweit
man die Möglichkeit hat, sollte man sich auch in Gemein-
schaften befinden, in denen über Gott und den Propheten
erzählt wird.

5. Kapitel

„Wer im Ramadan wahrhaftig und voller Hoffnung fastet, dem vergibt Gott auch seine vergangenen Sünden."

Das Fasten: Die Hälfte der Geduld

Wann genau wird gefastet? Was ist der Sinn dahinter?

Das Fasten ist die dritte Säule des Islams. Unter Fasten versteht man im Islam, mit Anbruch der Morgendämmerung bis zum Sonnenuntergang Essen, Trinken, Geschlechtsverkehr, Lügen, üble Nachrede und Klatsch bewusst zu unterlassen und das Ego unter Kontrolle zu halten. Das bedeutet nicht, dass man dies nur im Ramadan tun sollte. Während des Fastens wird jedoch besonders darauf geachtet. Das Fasten wurde im Koran durch Sure 2 Vers 183 verpflichtet: *„O ihr, die ihr glaubt! Das Fasten ist euch vorgeschrieben, so wie es denen vorgeschrieben war, die vor euch waren, damit ihr Gottes Schutz (vor der Versuchung durch körperliche Begierden) verdient und Gottesbewusstsein [ar. taqwa, tr. takva] erlangt."* Der Stellenwert des Fastens vor Gott wird in einem Hadith-Qudsi beschrieben: *„Für alle guten Taten gibt es einen 70- bis 700-fachen Lohn. Der Fastende steht aber außerhalb dieses Maßstabs. Es ist für Mich. Nur Ich belohne diese Tat."*

Sinn und Zweck des Fastens von Sonnenaufgang bis Sonnenuntergang besteht nicht nur darin, mit leerem Magen den Tag zu verbringen, also mit dem Körper zu fasten; vielmehr soll auch der Geist fasten. Ein Muslim hat sich also neben dem Essen und Trinken auch von anderen materiellen Gelüsten zu enthalten. Darunter fallen unter anderem üble Nachrede, Lügen, sinnloses Gerede, unrechtmäßiger körperlicher Kontakt oder unaufrichtiges Handeln. Al-Ghazzali spricht vom „Fasten des Herzens". Das Herz fastet, wenn das Herz von der Liebe zu Gott ergriffen und frei von Hass, Neid, Gier und Hochmut ist. Es würde dem Geist des Fastens widersprechen, unter dem Fasten nur Enthaltsamkeit hinsichtlich des Essens und Trinkens zu verstehen. Das Fasten erzieht also nicht nur den Körper, sondern auch die Seele und die Gefühle. Dadurch lernt der Mensch Verständnis für andere Menschen, insbesondere für Arme, zu haben.

Welchen Nutzen hat das Fasten?

Für einen guten Muslim sind seine Sünden und schlechten Taten immer ein Grund zur Besorgnis. Das Fasten bringt dem Muslim eine frohe Botschaft und schenkt ihm Seelenfrieden (tr. *huzur*). In einem Hadith wird folgende frohe Botschaft verkündet: *„Wer mit festem Glauben im Ramadan nur für Gott fastet, dem werden alle Sünden vergeben."* Das Fasten schützt uns vor Sünden und verpönten Taten. Da der Fastende im ständigen Gottesdienst ist, enthält er sich von jeglichen verpönten Taten. Ganz gleich wohin wir uns auch bewegen, wir sind im Gottesdienst und dementsprechend auch achtsamer. Man verhält sich dann bewusster, eingedenk dessen, dass Gott uns beobachtet. Daraus ist zu schließen, dass das Fasten einen Menschen tugendhafter machen kann bzw. das Potenzial hat, das Beste aus einem Menschen herauszuholen. Der Prophet Muhammed (Friede sei mit ihm) sah das Fasten als ein Schutzschild gegenüber allen schlechten Taten.

Zudem verstehen wir Menschen leider den Wert einer Sache erst, wenn wir sie verlieren. Mit dem Fasten sind wir unseren täglichen Bedürfnissen, nämlich dem Essen und Trinken, fern. So lernt man den Zustand hungriger Menschen kennen, entwickelt Empathie und geht mit Essen und Trinken nicht verschwenderisch um. Weiterhin lernt man die Großzügigkeit Gottes kennen und bedankt sich bei Ihm.

Durch diesen Gottesdienst erlangt man viel Nachsicht. In einem Hadith heißt es hierzu: *„Das Fasten ist die Hälfte der Geduld und die Geduld die Hälfte des Glaubens."*

Für wen ist das Fasten verpflichtend?

Das Fasten ist für jene eine Kernaufgabe (ar. *fard*), die folgende Hauptvoraussetzungen erfüllen:

1. Sie sind im Besitz des islamischen Glaubens

2. Sie sind bei klarem Verstand

3. Sie haben die Pubertät erreicht

Wann ist die Zeit des Fastens?

Die Zeit des Fastens beginnt mit dem Anbruch der Morgendämmerung und dauert bis zum Sonnenuntergang – also vom Beginn des Morgengebets bis zum Beginn des Abendgebets. Das Fastenbrechen (ar./tr. *iftar*) kündigt das Ende des Fastens an. Zu Beginn des Fastenbrechens bzw. vor dem Essen sprach der Prophet Muhammed (Friede sei mit ihm) das folgende Bittgebet: *„Der Durst ist vorübergegangen, die Adern wurden aufgefrischt und der Lohn steht fest, so Gott will.“*

Die Zeit vor dem Anbruch der Morgendämmerung wird im Islam *sahur* (Fastenbeginn) genannt. Es ist die Zeit des Frühstücks. Der Prophet Muhammed (Friede sei mit ihm) sagte diesbezüglich: *„Esst zum sahur, denn da ist der Segen.“* Das Frühstück bekommt hier einen spirituellen Wert. Es gibt Kraft für den Tag. Neben dem Frühstück als Gottesdienst sind zu dieser Zeit auch Bittgebete empfehlenswert.

Für das Fasten kann schon am vorangegangenen Abend die Absicht gefasst werden. Wenn die Absicht beim Fastenbrechen vergessen wird, kann sie bis zum Vormittag nachgeholt werden.

Wer nicht fasten braucht

Im Koran heißt es an mehreren Stellen (2:185, 4:28 und 22:78), dass Gott seinen Geschöpfen keine Last auferlegt.

Der Islam ist die Religion der Erleichterung. Mäßigung und Ausgewogenheit gehören zu den wichtigsten Merkmalen, und diese sind auch beim Fasten zu sehen. Menschen mit Krankheiten oder Menschen, die dabei sind, krank zu werden, dürfen aus diesem Grund nicht fasten. Genauso dürfen Frauen während der Schwangerschaft und auch während der Stillzeit nicht fasten. Kinder, Menschen in hohem Alter und Menschen, deren Alltag mit schweren Mühen verbunden ist, sodass ihre Gesundheit gefährdet wäre, sind ebenfalls vom Fasten befreit.

Was passiert, wenn man im Ramadan nicht gefastet hat?

Außer in den erwähnten Fällen ist das Fasten immer nachzuholen. Bei langanhaltender starker Erkrankung und hohem Alter kann das Nachholen auch durch Spendengelder (tr. *fidye*) ersetzt werden. Spendengeld bedeutet, einem armen Menschen für eine gewisse Zeit den Existenzbedarf (mindestens 10 Frühstücke und Abendessen) zu decken.

Was passiert, wenn man das Fasten vor dem Abendgebet bricht?

Solange es keinen triftigen Grund gibt, ist das Fastenbrechen vor dem Abendgebet untersagt und gilt als respektlos gegenüber dem Gottesdienst.

Für das Brechen des freiwilligen Fastens ist ein Nachholen erforderlich. Für das Brechen des Ramadan-Fastens ist eine Sühneleistung (ar./tr. *keffāreh*) erforderlich.

Was ist der Unterschied zwischen dem Nachholfasten und dem Sühne-Fasten?

Das Nachholfasten ist zu leisten, wenn man aus bestimmten, ungewollten Gründen das Fasten brechen muss. Ein nicht gefasteter Tag ist an einem beliebigen Tag (evtl. nach dem Ramadan) nachzuholen. Das Sühne-Fasten ist zu leisten, wenn im Ramadan das Fasten absichtlich bzw. bewusst gebrochen wird. In diesem Fall ist als Sühne zwei Monate hintereinander ununterbrochen zu fasten – das sind 60 Tage, und für jeden nicht gefasteten Tag zusätzlich zu den zwei Monaten ein weiterer Tag.

Wann ist das Sühne-Fasten zu leisten?

Das Sühne-Fasten ist zu leisten, wenn man ohne Zwang, grundlos, bewusst und absichtlich

1. isst, trinkt und Medikamente einnimmt,

2. Zigarette oder Shisha raucht oder

3. Kleinigkeiten wie ein Sesamkorn, Salz, Zucker oder Regenwassertropfen isst, kaut oder in den Mund nimmt.

Wann ist das Fasten mit nur einem Tag nachzuholen?

Wenn man

1. Watte, Papier, Stein, Erde, Metall, Gold oder Silber schluckt.

2. einen farbigen Faden schluckt oder nur dessen Farbe.

3. unabsichtlich Regenwasser oder Schnee schluckt.

4. gezwungen wird, das Fasten zu brechen.

5. noch vom *sahur* Essenreste zwischen den Zähnen hat und diese die Größe einer Kichererbse haben.

6. bei der Gebetswaschung aus Versehen Wasser schluckt.

7. aus Versehen isst und trinkt und dann mit dem Gedanken, dass das Fasten gebrochen wurde, weiter isst.

8. sich willentlich übergibt.

9. Erbrochenes (einen Mundvoll) wieder herunterschluckt.

10. Ungewöhnliches wie Olivenkerne, Nussschalen oder große Menge an Salz etc. isst.

11. bewusst Rauch in sich einzieht (unwillentliches Einziehen erfordert kein Nachholen).

12. das Fasten aus Versehen bricht, obwohl die Sonne noch nicht untergegangen ist.

13. obwohl die Sonne aufgegangen ist, unbewusst weiterisst.

14. ein freiwilliges Fasten noch vor Sonnenuntergang bricht (im Ramadan ist Sühne erforderlich).

15. im Ramadan ohne die Absicht zu fasten isst und trinkt (wenn die Absicht gefasst wurde, ist Sühne erforderlich).

16. aufgrund einer Krankheit Medikamente einnehmen muss.

17. vom Arzt Flüssigkeit gespritzt bekommt.

18. etwas in die Nase einzieht.

Wann muss das Fasten nicht nachgeholt werden?

Wenn man

1. unbewusst isst und trinkt. Der Prophet Muhammed (Friede sei mit ihm) sagte hierzu: *„Wenn jemand vergisst, dass er fastet, soll er sein Fasten nicht brechen. Denn Gott war es, der ihn essen und trinken ließ."* Wenn jemandem einfällt, dass er fastet, ist das Essen oder Trinken aus dem Mund auszuspucken.

2. beim Zähneputzen kein Wasser oder Zahnpasta geschluckt hat.

3. Spucke oder Schleim herunterschluckt.

4. Wasser ins Ohr bekommt.

5. aus Versehen Sand, Rauch und Staub schluckt bzw. einatmet.

6. sich widerwillig übergibt.

7. ungewollt einen Samenerguss hat (z. B. im Schlaf oder beim Tragen von Gegenständen)

8. Essensreste (zwischen den Zähnen) schluckt (unter der Bedingung, dass sie kleiner als eine Kichererbse sind).

9. Augentropfen verwendet.

10. Blut spendet.

11. die Augenlider schminkt.

12. sich eincremt oder einsalbt.

6. Kapitel

„Nimm aus ihrem Vermögen die Abgabe für Bedürftige entgegen, damit du sie dadurch läuterst und sie dazu bringst, an Reinheit und Aufrichtigkeit zuzunehmen, und bete für sie. Fürwahr, dein Gebet ist ein Quell des Trostes für sie. Und Gott ist hörend, wissend" (9:103).

Die Pflichtabgabe im Islam

Was ist die Pflichtabgabe (ar. *zakāh*, tr. *zekat*)?

Zakāh bedeutet übersetzt „Reinigung". Damit ist gemeint, dass durch diese Abgabe das eigene Vermögen gereinigt wird. Der Prophet Muhammed (Friede sei mit ihm) sagte: „*Gott hat euch die zakāh zur Kernaufgabe gemacht, damit euer Eigentum dadurch gereinigt wird.*" Dies ist in metaphorischem Sinn gemeint. Es geht also darum, durch die Pflichtabgabe, die an Arme entrichtet wird, Gottes Zufriedenheit zu erlangen.

Die Pflichtabgabe ist die vierte Säule des Islams. Genau wie das Gebet und das Fasten spielt auch die Pflichtabgabe im Islam eine besondere Rolle. Es wurde im fünften Jahr der Hidschra, noch vor dem Fasten, zur Kernaufgabe. Die Pflichtabgabe ist, nicht wie das Gebet und das Fasten ein Gottesdienst mit dem Körper, sondern ein Gottesdienst mit dem Vermögen. In dem folgenden Vers verpflichtet der barmherzige Gott die Muslime zu dieser Abgabe: „*Verrichtet das Gebet, und zahlt die reinigende Pflichtabgabe*" (2:43).

Genau wie das Gebet die Säule des spirituellen Lebens ist, ist die Pflichtabgabe die Säule des sozialen Lebens. Die Weisheit der Pflichtabgabe ist es, reiche Menschen armen

Menschen näherzubringen, indem sie sich gegenseitig helfen und kennenlernen. So entsteht Liebe zwischen zwei Klassen und die Kluft zwischen Arm und Reich wird kleiner.

Wer hat die Pflichtabgabe zu leisten?

Die Pflichtabgabe ist zu leisten, wenn man

1. bei klarem Verstand ist,

2. die Pubertät erreicht hat und

3. weniger Schulden als Vermögen hat, sodass genug Geld für das eigene Überleben vorhanden ist.

Die Pflichtabgabe richtet sich nach dem Vermögen. Faktum ist, dass 1/40 des Vermögens zu entrichten ist, wobei das Vermögen, auf das die Abgabe zu entrichten ist, mindestens seit einem Jahr bestehen muss. Die Absicht bei der Pflichtabgabe ist zu fassen, da sonst die Pflichtabgabe nicht akzeptiert wird. Eine Verweigerung der Pflichtabgabe käme Undankbarkeit, Egoismus, ja sogar Aufruhr gegen Gott gleich, da man das Recht der Armen verletzen würde.

Wem ist die Pflichtabgabe zu entrichten?

Der Koran spricht in Sure 9 Vers 60 von acht Gruppen als Empfänger bzw. von acht Ausgabeoptionen. Diese sind:[9]

---

9   Tarek Badawia, „Religiosität im Sinne sozialer Gerechtigkeit – Sozialethische Grundzüge einer muslimischen Wohlfahrt", in: Ceylan/Kiefer (Hrsg.), *Ökonomisierung und Säkularisierung*, Springer Verlag, Wiesbaden 2017.

1. Absolut und dauerhaft Arme und Obdachlose zur Sicherung ihrer Grundbedürfnisse

2. Arbeitende mit geringem Einkommen, deren Einkünfte das Mindestmaß an der Pflichtabgabe nicht übertreffen

3. Beauftragte oder Angestellte, die für die Sammlung und Verteilung der Pflichtabgabe zuständig sind

4. Personen, deren Herzen gewonnen bzw. deren Vorurteile gegenüber dem Islam ausgeräumt werden sollen

5. Die Befreiung von Sklaven und Unterdrückten

6. Personen, die sich notgedrungen verschulden. Hierzu können auch Entschädigungen von Opfern von Naturkatastrophen zählen, die unerwartet und nicht selbst verschuldet in finanzielle Not geraten sind

7. Personen, die in einem Verteidigungskrieg zum Einsatz verpflichtet werden

8. Reisende und Wanderer, die unterwegs in Not geraten und auf Hilfe angewiesen sind

Die freiwillige Spende (ar. *sadaqa*, tr. *sadaka*)

Das Spenden des Geldes für gute Zwecke an arme Menschen, um Gottes Wohlwollen zu erlangen, nennt man *sadaqa*. Im Vergleich zur Pflichtabgabe hat die *sadaqa* unbegrenzte Einsatzmöglichkeiten, man kann sie für alle möglichen Hilfszwecke verwenden. Die freiwillige und jederzeit empfohlene Spende hat sowohl im Diesseits als auch im Jenseits viel Nutzen. Sie ist Sühne für Sünden und Schutz vor Fatalitäten und Katastrophen. Der Mensch sollte armen Menschen in seiner Umgebung helfen und sie versorgen. Der Lohn ist nur von Gott zu erwarten. Ein Hadith zeigt die Bedeutung der geheimen Spende: *„Es gibt drei wertvolle Schätze. Eines davon ist die geheime Spende."*

Die Schöpfungsabgabe (tr. *sadaka-i fitr*)

Die Schöpfungsabgabe ist eine Art Entrichtung, die vom Propheten Muhammed (Friede sei mit ihm) zur Kernaufgabe gemacht wurde. Jeder Muslim soll diese Almosen noch vor dem Ramadan-Festtag entrichten. *Fitr* ist eine Art Danksagung dafür, dass Gott den Menschen ohne Entgelt erschaffen hat.

Die Schöpfungsabgabe wird nur im Ramadan entrichtet. Am besten ist es, wenn vor dem Ramadanfestgebet an die Bedürftigen gespendet wird, damit der Bedürftige vor dem Festbeginn noch nötige Erledigungen tätigen kann. In Deutschland beträgt der Wert der Schöpfungsabgabe 7,50 € pro Person. Das Familienoberhaupt muss für alle Familienmitglieder die Schöpfungsabgabe entrichten. Wie bei allen Gottesdiensten wird auch hier eine Absicht gefasst.

6. Kapitel

7. Kapitel

Wahrlich, das erste Haus (für den Gottesdienst), das für die Menschen errichtet wurde, ist das in Bakka (Mekka),

ein gesegneter Ort und ein (Mittelpunkt oder Zentrum der) Rechtleitung für alle Völker. (Koran Āl-i ʿImrān 3:96)

Der Weg nach Mekka

Die Pilgerfahrt (ar. *hadjj*, tr. *hacc*)

Die Pilgerfahrt ist der Besuch einiger heiliger muslimischer Stätten mit vorgesehenen Riten, die zu bestimmten Zeiten erfolgt. Die Pilgerfahrt ist die letzte Säule im Islam und gleichzustellen mit dem Gebet, dem Fasten und der Pflichtabgabe. Sie wurde im 9. Jahr der Hidschra mit folgendem Vers zur Kernaufgabe: *„Die Menschen sind Gott verpflichtet, zu seinem Haus zu pilgern – jene, die dazu die Möglichkeit finden. Doch wer immer sich weigert (die Pflicht der Pilgerfahrt auf sich zu nehmen) oder Gott gegenüber undankbar ist (indem er Sein Gebot nicht erfüllt), so ist Gott wahrlich auf Seine Geschöpfe nicht angewiesen"* (3:97).

Für Muslime, denen es finanziell und körperlich gut geht, ist die Pilgerfahrt nach Mekka und Medina verpflichtend. Die spirituelle Kraft dieser Orte sollte man sich nicht entgehen lassen. *„Wer für Gott die Pilgerfahrt unternimmt und währenddessen keine Missetat begeht, der kehrt von der Pilgerfahrt so sündenfrei zurück, wie er einst am Tag seiner Geburt war."* Dieses Hadith allein zeigt schon, wie wichtig die Pilgerfahrt als Gottesdienst ist. Außerdem ist einer

Überlieferung zufolge Mekka der Ort, an dem Gott der Allbarmherzige und Allmächtige Adam und Eva verziehen hat. So lädt der Erhabene alle Menschen zur Vergebung und Barmherzigkeit nach Mekka ein.

Die Pilgerfahrt bringt den Menschen Gott näher. Der Mensch lässt sein Hab und Gut zu Hause und widmet sich einige Tage lang ganz dem Gottesdienst. So zeigt er, dass er Gott gegenüber respektvoll ist und nur Ihm dient. Dies bringt auch dem Menschen Segen ein, und er fühlt sich während dieser Fahrt wohl und erleichtert.

Die Pilgerfahrt: ein Zeichen der Gleichheit

Die Pilgerfahrt bringt alle Menschen, unabhängig von Herkunft, Geschlecht, Hautfarbe, Kultur, Rang und Stellung in eine Gebetsreihe und zeigt, dass alle Menschen vor Gott gleich sind. Ob reich oder arm, stark oder schwach – alle Pilger sind einheitlich weiß gekleidet und haben die gleiche Absicht und die gleichen Bedingungen. Alle Menschen umrunden das Haus Gottes in Einklang nebeneinander, Hand in Hand. Schmuck, Luxussachen oder sonstige weltliche Gegenstände werden nicht mit sich geführt. Man hat sich nur mit einem weißen Tuch zu bedecken, damit niemand ausgeschlossen wird. Hier wird großen Wert auf die Gemeinsamkeiten der Menschen gelegt und so gezeigt, dass vor Gott alle Menschen gleich sind.

Die Pilgerfahrt bindet den Menschen an die Religion

Die Pilgerfahrt, der Besuch der heiligsten Gebetsstätte der Muslime, der Besuch des Ortes der koranischen Offenbarung, des Geburtsortes des Propheten Muhammed, ist gewiss ein beeindruckendes und einmaliges Erlebnis für einen Muslim. Dieses emotionale Setting bindet die Muslime an ihre Religion.

Für wen ist die Pilgerfahrt verpflichtend?

Die Pilgerfahrt ist verpflichtend, wenn man

1. muslimischen Glaubens ist,

2. bei klarem Verstand ist,

3. die Pubertät erreicht hat,

4. finanziell in der Lage ist, die Pilgerfahrt zu bezahlen,

5. die Pilgerfahrt pünktlich beginnt und

6. gesund ist.

Was ist die kleine Pilgerfahrt (ar. ʿumra, tr. umre)?

Die kleine Pilgerfahrt ist ein Besuch der heiligen Stadt Mekka außerhalb der Pilgerfahrtszeit. Im Koran heißt es dazu in der zweiten Sure: *„Die Hadsch findet in den wohlbekannten Monaten statt" (2:197)*. Die Monate der Hadsch sind *Schawwal, Dhu'l-Qaʿda* und *Dhu'l-Hidjja*. Die Pilgerfahrt kann in keinem anderen Monat außer diesen vollzogen werden. Die kleine Pilgerfahrt ist eine Sunna des Propheten Muhammed (Friede sei mit ihm). Die Gläubigen versäumen aber nicht, auch die Grabstätte des Propheten Muhammed (Friede sei mit ihm) in Medina zu besuchen.

Kurban (Die Annäherung im Islam)

Das Opfern von Tieren in Verbindung mit der Pilgerfahrt oder zu anderen Zeiten, um das Wohlwollen Gottes zu erlangen, nennt man *Kurban*. Die Bedeutung des Begriffs *Kurban* ist „Annäherung". Damit ist gemeint, dass die Menschen durch das Opfern die Nähe zu Gott finden. An diesem Tag geht es nicht darum, Blut fließen zu lassen, sondern vielmehr darum, die Nähe zu Gott zu suchen, indem man für Arme spendet, sie besucht und ihnen eine Freude macht. Es ist eine Art Danksagung an Gott für all das, was Er den Menschen gegeben hat. In einem Hadith erklärt der Prophet, wie wichtig es ist zu opfern, wenn man die finanziellen Möglichkeiten dazu hat: *„Wer viel Vermögen hat und nicht opfert, der soll sich uns nicht nähern."* Das Opfern ist ein Gottesdienst mit dem Vermögen und wird als Soll-Aufgabe eingestuft.

Kurban führt zur Annäherung zwischen Religionen, Kulturen und Traditionen und verringert die Kluft zwischen arm und reich, gut und böse sowie krank und gesund. Die meisten Muslime in Afrika oder Asien besuchen gerade an diesen Tagen arme Menschen, ganz gleich welcher Religion und Kultur.

Wie bereits oben erwähnt, bedeutet Kurban nicht etwa „schlachten" oder „Blut fließen lassen", sondern „sich nähern". Der jüdische Glaube kennt den Begriff *Korban,* welcher ebenfalls „Nähe zu Gott" bedeutet. *Kurban* ist in den meisten Religionen ein anerkannter Gottesdienst und ein verbindendes Ritual.

Wer soll opfern?

Man soll opfern, wenn man

1. muslimischen Glaubens ist,

2. bei klarem Verstand ist,

3. die Pubertät erreicht hat,

4. kein Reisender ist und

5. finanziell in der Lage dazu ist.

Wann ist die Zeit des *Kurban?*

Die Zeit des *Kurban* ist während der ersten drei Tage des Annäherungsfestes (ar. *ʿīd al-aḍḥā*) und endet beim Abendgebet des dritten Tages.

Welche Tiere sind zu opfern?

Erlaubte Opfertiere sind: Schafe, Ziegen, Rinder, Büffel und Kamele. Schafe und Ziegen müssen mindestens 1 Jahr alt, Rinder und Büffel mindestens 2 Jahre alt und Kamele mindestens 5 Jahre alt sein. Schafe, die dieses Alter noch nicht erreicht haben, dürfen trotzdem geopfert werden. Für Ziegen gilt das nicht, sie müssen 1 Jahr alt sein.

„Und für jede Gemeinschaft haben Wir einen Ritus festgelegt, damit sie den Namen Gottes über dem aussprechen, womit Er sie an Vierfüßlern unter dem Vieh versorgt hat" (22:34).

Weiter ist zu beachten, dass Schafe und Ziegen lediglich die Soll-Aufgabe eines einzigen Gläubigen erfüllen, wohingegen Rinder, Büffel und Kamele die Soll-Aufgabe von bis zu sieben Personen erfüllen. Wichtig ist, dass die Tiere gesund sind. Zerbrochene Hörner oder kaputte Zähne sind kein Hindernis für das Opfern. In einem Hadith heißt es: *„Vier sind für das Opfern nicht erlaubt: Das auf einem Auge eindeutig Blinde, das eindeutig Kranke, das Hinkende, dessen Bein eindeutig lahm ist, und das Schwache, das bereits wegen seiner Schwäche den Verstand verloren hat."*

Wir erfahren aus der Überlieferung, dass der Prophet Muhammed (Friede sei mit ihm) zwei weiße Ziegenböcke mit jeweils zwei Hörnern opferte: *„Er opferte sie eigenhändig und sagte ‚Bismi -llāhi Allāhu ekbar.'"*

In der Regel wird ein Drittel des Fleisches mit der eigenen Familie verzehrt und der Rest an arme Menschen, angefangen von Verwandten bis hin zu Menschen aus armen Ländern, gespendet. Der Verkauf von Fleisch, Haut und Fell des Opfertiers ist verboten, da das Geld für Gott bzw. für das Gemeinwohl ausgegeben werden soll.

Kurze Suren und
Bittgebete für das Gebet

Ed-Ḍuhā – Der Tag, der steigt

بِسْـــــــــــــــــــــــمِ اللهِ الرَّحْمٰنِ الرَّحِيمِ

وَالضُّحَىٰ ۝ وَالَّيْلِ إِذَا سَجَىٰ ۝ مَا وَدَّعَكَ رَبُّكَ وَمَا قَلَىٰ ۝

وَلَلْاٰخِرَةُ خَيْـرٌ لَّكَ مِنَ الْأُولَىٰ ۝ وَلَسَوْفَ يُعْطِيكَ رَبُّكَ

فَتَرْضَىٰ ۝ اَلَـمْ يَجِـدْكَ يَتِيمًا فَـاٰوَىٰ ۝ وَوَجَـدَكَ ضَـالًّا

فَهَـدَىٰ ۝ وَوَجَـدَكَ عَآئِلًا فَأَغْنَىٰ ۝ فَأَمَّا الْيَتِيمَ فَلَا تَقْهَرْ ۝

وَأَمَّـا السَّـائِلَ فَـلَا تَنْهَـرْ ۝ وَأَمَّـا بِنِعْمَـةِ رَبِّكَ فَحَـدِّثْ ۝

1. Beim Tag, der steigt! – 2. Und bei der Nacht, die
schweigt! - 3. Verlassen hat dich nicht dein Herr noch dir
sich abgeneigt. - 4. Das dort ist besser, als was hier sich
zeigt. - 5. Er gibt dir noch, was dir zu deiner Lust gereicht. -
6. Fand er dich nicht als Waisen und ernährte dich? - 7. Als
Irrenden und führte dich? - 8. Als Dürftigen und mehrte
dich? - 9. Darum den Waisen plage nicht, - 10. Dem Bittenden versage nicht, - 11. Und deines Herrn Huld vermelde!

El-ʿAsr — *(Nachmittagsgebet)*

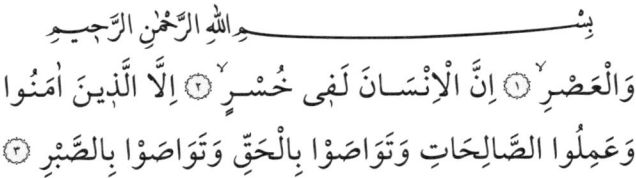

بِسْمِ اللهِ الرَّحْمٰنِ الرَّحِيمِ

وَالْعَصْرِ ۟ إِنَّ الْإِنْسَانَ لَفِى خُسْرٍ ۟ إِلَّا الَّذِينَ اٰمَنُوا
وَعَمِلُوا الصَّالِحَاتِ وَتَوَاصَوْا بِالْحَقِّ وَتَوَاصَوْا بِالصَّبْرِ ۟

1. Beim Nachmittagsgebet! - 2. Des Menschen Fleiß missrät, - 3. Nur dessen nicht, der glaubet und das Gute tut, Der zur Geduld rät und zur Wahrheit rät.

El-Fīl — *(Der Elefant)*

بِسْمِ اللهِ الرَّحْمٰنِ الرَّحِيمِ

اَلَمْ تَرَ كَيْفَ فَعَلَ رَبُّكَ بِاَصْحَابِ الْفِيلِ ۟ اَلَمْ يَجْعَلْ
كَيْدَهُمْ فِى تَضْلِيلٍ ۟ وَاَرْسَلَ عَلَيْهِمْ طَيْرًا اَبَابِيلَ ۟ تَرْمِيهِمْ
بِحِجَارَةٍ مِنْ سِجِّيلٍ ۟ فَجَعَلَهُمْ كَعَصْفٍ مَأْكُولٍ ۟

1. Sahst du nicht, was dein Herr tat an den Herrn der Elefanten? - 2. Macht' er nicht ihre List zu Schanden, - 3. Da er auf sie ein Heer von Vögel sandte, - 4. Das sie mit Steinen warf, gebrannten; - 5. So macht' er sie gleich abgefressenen Saaten.

Kuraisch

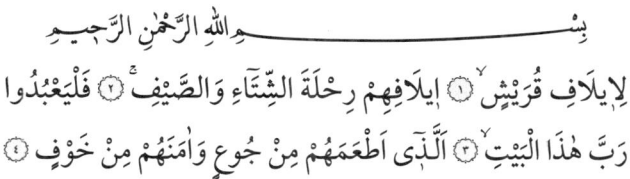

1/1 Der Brüderschaft Kuraisch, - 2/2 Derselben Brüderschaft zur Handelsreis' Im Winter und im Sommer! -
3/3 Darum sollen sie den Herrn anbeten dieses Hauses, -
–/4 Der sie gespeist gegen Hunger, - 4/– Gefriedet gegen
Furcht und Kummer.

El-Mā ʿūn − (Das Gerät)

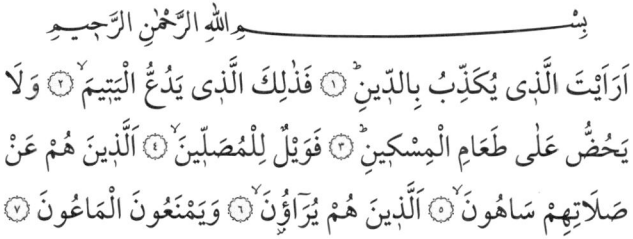

1. O siehst du den, der leugnet das Gericht? - 2. Er ist
es, der hart mit einer Waise spricht; - 3. Und treibt zur Armenspeisung nicht. - 4. Weh dem, der sein Gebet spricht,
- 5. Und merkt auf sein Gebet nicht, - 6. Will nur, dass ihr
ihn seht, - 7. Und weigert das Gerät.

Kawthar

بِسْمِ اللهِ الرَّحْمٰنِ الرَّحِيمِ

اِنَّا اَعْطَيْنَاكَ الْكَوْثَرَ ۝ فَصَلِّ لِرَبِّكَ وَانْحَرْ ۝ اِنَّ شَانِئَكَ هُوَ الْاَبْتَرُ ۝

1. Wir haben dir verliehen den Kawthar; - 2. Bring deinem Herrn Gebet und Opfer! - 3. Ja, wer dich hasst, der ist ein Abgestumpfter.

El-Kāfirūn — (Die Leugner)

بِسْمِ اللهِ الرَّحْمٰنِ الرَّحِيمِ

قُلْ يَا اَيُّهَا الْكَافِرُونَ ۝ لَا اَعْبُدُ مَا تَعْبُدُونَ ۝ وَلَا اَنْتُمْ عَابِدُونَ مَا اَعْبُدُ ۝

وَلَا اَنَا عَابِدٌ مَا عَبَدْتُمْ ۝ وَلَا اَنْتُمْ عَابِدُونَ مَا اَعْبُدُ ۝ لَكُمْ دِينُكُمْ وَلِيَ دِينِ ۝

1. Sprich: O, ihr Leugner! - 2. Nicht bete ich an, was ihr anbetet, - 3. Noch wollt ihr beten an, was ich anbete, - 4. Noch will ich beten an, was ihr habt angebetet, - 5. Noch sollt ihr beten an, was ich anbete. - 6. Euch euer Gottesdienst und mir der meine!

El-Feth — (Der Sieg)

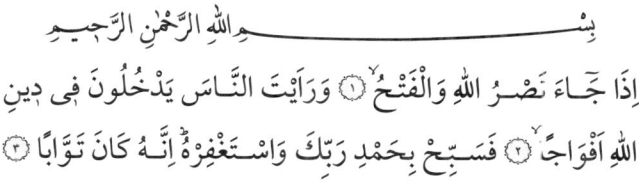

بِسْمِ اللهِ الرَّحْمٰنِ الرَّحِيمِ

اِذَا جَاءَ نَصْرُ اللهِ وَالْفَتْحُ ۞ وَرَاَيْتَ النَّاسَ يَدْخُلُونَ فِى دِينِ اللهِ اَفْوَاجًا ۞ فَسَبِّحْ بِحَمْدِ رَبِّكَ وَاسْتَغْفِرْهُ اِنَّهُ كَانَ تَوَّابًا ۞

1. Wann kam der Sieg von Gott und Beistand, - 2. Und du die Menschen sahst eingehen Zum Dienste Gottes schaarenweise; - 3. Lobpreise du dann deinen Herrn, Und ruf ihn um Verzeihung an; Er kehret sich daran.

Tebbet — (Ab sind sie)

بِسْمِ اللهِ الرَّحْمٰنِ الرَّحِيمِ

تَبَّتْ يَدَا اَبِى لَهَبٍ وَتَبَّ ۞ مَا اَغْنٰى عَنْهُ مَالُهُ وَمَا كَسَبَ ۞ سَيَصْلٰى نَارًا ذَاتَ لَهَبٍ ۞ وَامْرَاَتُهُ حَمَّالَةَ الْحَطَبِ ۞ فِى جِيدِهَا حَبْلٌ مِنْ مَسَدٍ ۞

1. Ab sind die Hände Abullahab's, und er ist ab; - 2. Es half ihm nicht sein Gut und Hab. - 3. Heizen wird er des Feuers Brast, - 4. Zuträgt sein Weib des Holzes Last, - 5. Um ihren Hals ein Strick von Bast.

Ichlās — (Bekenntnis der Einheit)

بِسْمِ اللهِ الرَّحْمٰنِ الرَّحِيمِ

قُلْ هُوَ اللهُ اَحَدٌ ۚ اَللهُ الصَّمَدُ ۚ لَمْ يَلِدْ وَلَمْ يُولَدْ ۙ وَلَمْ يَكُنْ لَهُ كُفُوًا اَحَدٌ ۚ

1. Sprich: Gott ist Einer, - 2. Ein ewig reiner, - 3. Hat nicht gezeugt und ihn gezeugt hat keiner, - 4. Und nicht ihm gleich ist einer.

El-Felaq — (Die Dämmerung)

بِسْمِ اللهِ الرَّحْمٰنِ الرَّحِيمِ

قُلْ اَعُوذُ بِرَبِّ الْفَلَقِ ۙ مِنْ شَرِّ مَا خَلَقَ ۙ وَمِنْ شَرِّ غَاسِقٍ اِذَا وَقَبَ ۙ وَمِنْ شَرِّ النَّفَّاثَاتِ فِى الْعُقَدِ ۙ وَمِنْ شَرِّ حَاسِدٍ اِذَا حَسَدَ ۚ

1. Sprich: Zuflucht such' ich bei dem Herrn der Dämmerung - 2. Vorm Bösen dessen, was er schuf, - 3. Vorm Bösen der Verfinsterung, - 4. Vorm Bösen nestelknüpfender Weiber, - 5. Und vor dem bösen Neid der Neider.

En-Nās — (Die Menschen)

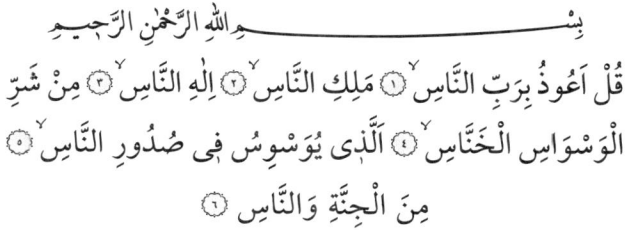

1. Sprich: Zuflucht such' ich bei dem Herrn der Menschen, - 2. Dem Könige der Menschen, - 3. Dem Gott der Menschen, - 4. Vorm Bösen des Einbläsers, des Verräters, - 5. Der einbläst in der Brust des Menschen, - 6. Zuflucht vor Dschinnen und vor Menschen.

Das *Tahiyyat*-Bittgebet

اَلتَّحِيَّاتُ لله وَالصَّلَوَاتُ وَالطَّيِّبَاتُ؛ اَلسَّلَامُ عَلَيْكَ اَيُّهَا النَّبِيُّ وَرَحْمَةُ الله وَبَرَكَاتُهُ؛ اَلسَّلَامُ عَلَيْنَا

وَعَلَى عِبَادِ الله الصَّالِحِينَ؛ اَشْهَدُ اَنْ لاَ اِلهَ اِلاَّ الله وَاَشْهَدُ اَنَّ مُحَمَّدًا عَبْدُهُ وَرَسُولُهُ

Et-tehiyyātu lillāhi we s-salewātu we et-tayyibātu es-selāmu ʿaleyke eyyuhe n-Nebiyyu we rahmetullāhi we berakātuhū es-selāmu ʿaleynā we ʿalā ibādillāhis-sālihīn. Eschhedu el-lä ilähe illa -llāh we eschedu enne Muhammeden ʿabduhū we rasūluh.

Das *Salli-Barik*-Bittgebet

اَللَّهُمَّ صَلِّ عَلَى مُحَمَّدٍ وَعَلَى آلِ مُحَمَّدٍ كَمَا صَلَّيْتَ عَلَى إِبْرَاهِيمَ وَعَلَى آلِ إِبْرَاهِيمَ إِنَّكَ حَمِيدٌ مَجِيدٌ

Allahumme salli ʿalā Muhammedin ve ʿalā āli Muham-
med, kemā salleyte ʿalā İbrāhime ve ʿalā āli İbrāhīm, inneke
hamidun medjīd.

اَللَّهُمَّ بَارِكْ عَلَى مُحَمَّدٍ وَعَلَى آلِ مُحَمَّدٍ كَمَا بَارَكْتَ عَلَى إِبْرَاهِيمَ وَعَلَى آلِ إِبْرَاهِيمَ إِنَّكَ حَمِيدٌ مَجِيدٌ ،

Allahumme salli ʿalā Muhammedin ve ʿalā āli Muham-
med, kemā bārakte ʿalā İbrāhime we ʿalā āli İbrāhīm, inne-
ke hamidun medjīd.

Das *Subhaneke*-Bittgebet

سُبْحَانَكَ اللَّهُمَّ وَبِحَمْدِكَ وَتَبَارَكَ اسْمُكَ وَتَعَالَى جَدُّكَ (وَجَلَّ ثَنَاؤُكَ) وَلاَ اِلهَ غَيْرُكَ

Subhāneke -llāhumme ve bihamdik. We tebārakesmuk.
We teʿālā djedduk. (We djelle thenāuk.) Welā ilāhe ghayruk.

Das *Qunut*-Bittgebet

اَللَّهُمَّ إِنَّا نَسْتَعِينُكَ وَ نَسْتَغْفِرُكَ وَ نَسْتَهْدِيكَ ﴿﴾ وَ نُؤْمِنُ بِكَ وَ نَتُوبُ اِلَيْكَ ﴿﴾ وَ نَتَوَكَّلُ عَلَيْكَ وَنُثْنِى عَلَيْكَ اْلخَيْرَ كُلَّهُ نَشْكُرُكَ وَ لاَ نَكْفُرُكَ ﴿﴾ وَ نَخْلَعُ وَ نَتْرُكُ مَنْ يَفْجُرُكَ

Allāhumme iyyāke naʿbudu we leke nusalli ve nesdjudu
we ileyke nesʿa we nachfidu nardjū rahmeteke ve nachschā
ʿadhābeke inne adhābeke bilkuffāri mulhiq.

اَللَّهُمَّ اِيَّاكَ نَعْبُدُ وَ لَكَ نُصَلِّى وَ نَسْجُدُ ﴿﴾ وَ اِلَيْكَ نَسْعَى وَ نَحْفِدُ ﴿﴾ نَرْجُو
رَحْمَتَكَ وَ نَخْشَى عَذَابَكَ ﴿﴾ اِنَّ عَذَابَكَ بِالْكُفَّارِ مُلْحِقٌّ

Allāhumme innā neste ʿinuke ve nestaghfiruke we nesteh-dik. Ve nuʿminu bike ve netūbu ileyk. Ve netewekkelū aleyke ve nusni ʿaleyke l-chayra kullehu neschkuruke we lā nekfu-ruke we nachlaʿu ve netruku men yefdjuruk.

Die *Rabbena-ātina* und *Rabbenaghfirlī*-Bittgebete

رَبَّنَا آتِنَا فِي الدُّنْيَا حَسَنَةً وَفِي الآخِرَةِ حَسَنَةً وَقِنَا عَذَابَ النَّارِ

Rabbenā ātina fid-dunyā haseneten we fi-l ʾākhirati ha-seneten we qinā adhāben-nār.

رَبَّنَا اغْفِرْ لِي وَلِوَالِدَيَّ وَلِلْمُؤْمِنِينَ يَوْمَ يَقُومُ الْحِسَابُ

Rabbenāghfirlī we li-wālideyye we lil-Muʾminīne yewme yeqūmu-l hisāb.

Die ideale Waschung

1. Die Absicht fassen, die *Eudhu-Besmele* aussprechen, die Hände waschen und wenn möglich über die Handrücken reiben: mit der rechten Handfläche über die linke Hand und umgekehrt.

2. Mit der sauberen rechten Hand ein Schluck Wasser in den Mund nehmen und die Zähne mit dem *Miswak* putzen; wenn kein *Miswak* vorhanden ist, die Zähne mit dem Zeigefinger putzen. Diesen Vorgang dreimal wiederholen.

3. Mit der rechten Hand Wasser in die Nase führen und die Nase mit der linken Hand putzen. Diesen Vorgang dreimal wiederholen.

4. Wasser in die Handfläche geben und das Gesicht vom Haaransatz bis zum Kinn waschen. Den Vorgang dreimal wiederholen.

5. Die rechte Handfläche mit Wasser füllen und dieses Wasser über die Handgelenke gleitend zum Ellenbogen fließen lassen, um dann die rechte Hand bis zum Ende der Ellenbogen zu waschen. Diesen Vorgang dreimal auch für die linke Hand und den linken Ellenbogen wiederholen.

6. Beide Hände anfeuchten. Beide Daumen leicht in die Ohrlöcher führen und mit beiden Hände bei der Stirn anfangend über den Kopf streichen, dann den kleinen Finger in die Ohrlöcher führen und zugleich mit den Innenflächen der Daumen die Hinterohren befeuchten. Anschließend Zeigefinger, Mittelfinger und Ringfinger zusammenhalten und mit deren Außenflächen den Nacken anfeuchten. Dieser Vorgang wird nicht wiederholt. So wird die Feuchte der Hände und Fingerflächen optimal ausgenutzt.

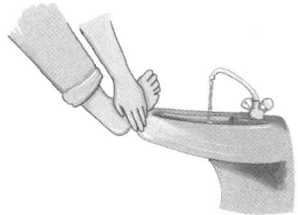

7. Zuerst den rechten, dann den linken Fuß zwischen den Zehen reibend bis zu den Fersen gründlich waschen.

Hinweis: Bei jeder Handlung der Gebetswaschung pflegte der Prophet noch ein besonderes Bittgebet auszusprechen. Bei dieser Darstellung wurde jedoch auf diese Einzelheit verzichtet. Ansonsten wird hier die Waschung des Propheten, also die ideale Waschung, aber ausführlich beschrieben.

Die Hauptvoraussetzungen während des Gebets

1. Das Eröffnungs-*Tekbir* (ar. *tahrim*, tr. *iftitah tekbiri*)

2. Die Koranrezitation (ar. *qirāʾa*, tr. *kiraat*)

3. Die Vorbeugung (ar. *rukū ʿ*, tr. *rükû*)

4. Die Aufrichtung (ar. *qiyam*, tr. *kiyam*)

5. Die Niederwerfung (ar. *sudjūd*, tr. *secde*)

6. Das abschließende Sitzen (ar. *teschehhud*, tr. *ka´ide-i âhire*)

Das tägliche Hauptgebet

Das Morgengebet (ar. *fadjr*, tr. *sabah namazı*)

Das Morgengebet besteht aus vier Gebetseinheiten: zwei Einheiten der Sunna und zwei *Farḍ*-Einheiten (tr. *farz*). Die Sunna-Einheiten werden vor den *Farḍ*-Einheiten verrichtet. Der Prophet Muhammed (Friede sei mit ihm) legte auf die Sunna-Einheiten so viel Wert, dass er auch diese nachholte.

Abschnitte des Gebets	Zahl der Einheiten	Das Morgengebet 2 Sunna-Einheiten, 2 Farḍ-Einheiten			
Sunna	1	*Subhaneke*-Bittgebet E'ūdhu-Besmele Sure Fatiha Mind. drei Verse oder ein gleich langer Vers aus dem Koran	Farḍ	1	*Subhaneke*-Bittgebet E'ūdhu-Besmele Sure Fat ha Mind. drei Verse oder ein gleich langer Vers aus dem Koran
	2	Besmele Sure Fatiha Mind. drei Verse oder ein gleich langer Vers aus dem Koran		2	Besmele Sure Faṭiha Mind. drei Verse oder ein gleich langer Vers aus dem Koran
Beim abschließenden Sitzen: *Tahiyyat*-Bittgebet, *Salli-Barik*-Bittgebet, *Rabbena-ātina* und *Rabbenaghfirlī*-Bittgebete					

Das Mittagsgebet (ar. *zuhr*, tr. *öğle namazı*)

Das Mittagsgebet besteht aus zehn Gebetseinheiten. Erst werden die vier Sunna-Einheiten verrichtet, dann die vier *Farḍ*-Einheiten und anschließend nochmal zwei Sunna-Einheiten. Die ersten vier Sunna-Einheiten sind die unregelmäßige Sunna (*sunna ghayr mu'ekkede*), wohingegen die zwei Sunna-Einheiten die permanente Sunna *(sunna mu'ekkede)* darstellen.

Abschnitte des Gebets	Zahl der Einheiten	**Das Mittagsgebet** 4 Sunna-Einheiten, 4 Fard-Einheiten, 2 Sunna-Einheiten					
Sunna	1	Subhaneke-Bittgebet E'ûdhu-Besmele Sure Fatiha Mind. drei Verse oder ein gleich langer Vers aus dem Koran		1	Subhaneke-Bittgebet E'ûdhu-Besmele Sure Fatiha Mind. drei Verse oder ein gleich langer Vers aus dem Koran	1	Subhaneke-Bittgebet E'ûdhu-Besmele Sure Fatiha Mind. drei Verse oder ein gleich langer Vers aus dem Koran
	2	Besmele Sure Fatiha Mind. drei Verse oder ein gleich langer Vers aus dem Koran -------------------- *Tahiyyat*-Bittgebet		2	Besmele Sure Fatiha Mind. drei Verse oder ein gleich langer Vers aus dem Koran -------------------- *Tahiyyat*-Bittgebet		
	3	Besmele Sure Fatiha Mind. drei Verse oder ein gleich langer Vers aus dem Koran	**Fard**	3	Besmele Sure Fatiha	**Sunna**	2	Besmele Sure Fatiha Mind. drei Verse oder ein gleich langer Vers aus dem Koran
	4	Besmele Sure Fatiha Mind. drei Verse oder ein gleich langer Vers aus dem Koran		4	Besmele Sure Fatiha		

Beim abschließenden Sitzen: *Tahiyyat*-Bittgebet, *Salli-Barik*-Bittgebet, *Rabbena-ātina* und *Rabbenaghfirlī*-Bittgebete

188

Das Nachmittagsgebet (ar. ʿasr, tr. *ikindi namazı*)

Das Nachmittagsgebet besteht aus acht Gebetseinheiten. Vier Sunna-Einheiten und vier *Farḍ*-Einheiten. Erst werden die vier Sunna-Einheiten verrichtet. Innerhalb der 45 Minuten vor Sonnenuntergang (tr. *kerahet vakti*) sollte man nur die vier *Farḍ*-Einheiten verrichten.

Abschnitte des Gebets	Zahl der Einheiten	**Das Nachmittagsgebet** 4 Sunna-Einheiten, 4 Fard-Einheiten			
Sunna	1	Subhaneke-Bittgebet E'üdhu-Besmele Sure Fatiha Mind. drei Verse oder ein gleich langer Vers aus dem Koran	Fard	1	Subhaneke-Bittgebet E'üdhu-Besmele Sure Fatiha Mind. drei Verse oder ein gleich langer Vers aus dem Koran
	2	Besmele Sure Fatiha Mind. drei Verse oder ein gleich langer Vers aus dem Koran -------------------- *Tahiyyat-Bittgebet* *Salli-Barik-Bittgebet*		2	Besmele Sure Fatiha Mind. drei Verse oder ein gleich langer Vers aus dem Koran -------------------- *Tahiyyat-Bittgebet*
	3	Subhaneke-Bittgebet E'üdhu-Besmele Sure Fatiha Mind. drei Verse oder ein gleich langer Vers aus dem Koran		3	Besmele Sure Fatiha
	4	Besmele Sure Fatiha Mind. drei Verse oder ein gleich langer Vers aus dem Koran		4	Besmele Sure Fatiha
Beim abschließenden Sitzen: Tahiyyat-Bittgebet, Salli-Barik-Bittgebet, *Rabbena-ātina* und *Rabbenaghfirlī*-Bittgebete					

Das Abendgebet (ar. *maghrib*, tr. *akşam namazı*)

Das Abendgebet besteht aus fünf Gebetseinheiten. Der Pflichtteil besteht aus drei Einheiten und wird zuerst verrichtet und dann die Sunna aus zwei Einheiten.

Abschnitte des Gebets	Zahl der Einheiten	**Das Abendgebet** 3 Fard-Einheiten, 2 Sunna-Einheiten		
Fard	1	Subhaneke-Bittgebet E´ūdhu-Besmele Sure Fatiha Mind. drei Verse oder ein gleich langer Vers aus dem Koran	**Sunna**	1	Subhaneke-Bittgebet E´ūdhu-Besmele Sure Fatiha Mind. drei Verse oder ein gleich langer Vers aus dem Koran
	2	Besmele Sure Fatiha Mind. drei Verse oder ein gleich langer Vers aus dem Koran -------------------- **Tahiyyat-Bittgebet**		
	3	Besmele Sure Fatiha		2	Besmele Sure Fatiha Mind. drei Verse oder ein gleich langer Vers aus dem Koran
Beim abschließenden Sitzen: *Tahiyyat*-Bittgebet, *Salli-Barik*-Bittgebet, *Rabbena-ātina* und *Rabbenaghfirlī*-Bittgebete				

Das Nachtgebet (ar. *ʿischaʿ*, tr. *yatsı namazı*)

Das Nachtgebet besteht aus dreizehn Einheiten. Sechs Sunna-Einheiten, vier *Farḍ*-Einheiten und drei Soll-Einheiten. Die Reihenfolge des Nachtgebets: Zuerst werden die vier Sunna-Einheiten gebetet, dann die vier *Farḍ*-Einheiten, danach die zwei Sunna-Einheiten und abschließend das *Witr*-Gebet mit drei Einheiten, die als Soll-Gebete gelten.

Abschnitte des Gebets	Zahl der Einheiten	**Das Nachtgebet** 4 Sunna-Einheiten, 4 Fard-Einheiten, 2 Sunna-Einheiten						
Sunna	1	*Subhaneke*-Bittgebet E'üdhu-Besmele Sure Fatiha Mind. drei Verse oder ein gleich langer Vers aus dem Koran	Fard	1	*Subhaneke*-Bittgebet E'üdhu-Besmele Sure Fatiha Mind. drei Verse oder ein gleich langer Vers aus dem Koran	Sunna	1	*Subhaneke*-Bittgebet E'üdhu-Besmele Sure Fatiha Mind. drei Verse oder ein gleich langer Vers aus dem Koran
	2	Besmele Sure Fatiha Mind. drei Verse oder ein gleich langer Vers aus dem Koran ------------------- *Tahiyyat*-Bittgebet *Salli-Barik*-Bittgebet		2	Besmele Sure Fatiha Mind. drei Verse oder ein gleich langer Vers aus dem Koran ------------------- *Tahiyyat*-Bittgebet			
	3	*Subhaneke*-Bittgebet E'üdhu-Besmele Sure Fatiha Mind. drei Verse oder ein gleich langer Vers aus dem Koran		3	Besmele Sure Fatiha		2	Besmele Sure Fatiha Mind. drei Verse oder ein gleich langer Vers aus dem Koran
	4	Besmele Sure Fatiha Mind. drei Verse oder ein gleich langer Vers aus dem Koran		4	Besmele Sure Fatiha			

Beim abschließenden Sitzen: *Tahiyyat*-Bittgebet, *Salli-Barik*-Bittgebet, *Rabbena-âtina* und *Rabbenaghfirlî*-Bittgebete

Abschnitte des Gebets	**Das Witr-Gebet** 3 Wadjib-Einheiten (Soll-Einheiten)		
Zahl der Einheiten	1	2	3
Witr	*Subhaneke*-Bittgebet E'üdhu-Besmele Sure Fatiha Mind. drei Verse oder ein gleich langer Vers aus dem Koran	Besmele Sure Fatiha Mind. drei Verse oder ein gleich langer Vers aus dem Koran ------------------- *Tahiyyat*-Bittgebet	Besmele Sure Fatiha Mind. drei Verse oder ein gleich langer Vers aus dem Koran ------------------- *Qunut*-Bittgebet

Beim abschließenden Sitzen: *Tahiyyat*-Bittgebet, *Salli-Barik*-Bittgebet, *Rabbena-âtina* und *Rabbenaghfirlî*-Bittgebete

PRAXISLAM (Ilmihal)